在定靜中成為自己

體會活在當下的自由與喜悅

艾克哈特・托勒＿著　蔡孟璇—譯

Eckhart Tolle

Oneness With *All Life*

導言

這部《一個新世界》的姐妹篇，收錄了我從原書精選、特別具有啟發性或適合用來靜心冥想的段落。因此，我不建議你一口氣就將這本書從頭到尾讀完。更有益的方式是一次最多讀一章，在那些激發你內心反應的段落停留久一點，或是將它重新讀一遍。接著，讓這些話語沉澱，去感受這些字句所指出的真相，而這個真相，當然，其實已經在你內在了。你也可以偶爾隨意翻開這本書，閱讀其中一頁或一段，讓這些字句指向你內在深處，那個超越語言文字、超越思想的向度。這些文字所指出的真相，也就是意識的永恆向度，是無法透過散漫的思想與概念上的理解來達成的。

本書並非《一個新世界》的濃縮版，雖然它囊括了該書中最強而有力的指示，但關於小我的內容相對很少，也沒有任何關於「痛苦之身」的內容。換句話說：如果想了解並學習如何察覺你內在那些阻礙全新意識生起的心理情緒模式，就必須閱讀該書。

對於已經讀過《一個新世界》，甚或讀過不止一遍，且在內心深處產生共鳴，並已透過它體驗到某種程度的內在轉化的朋友們來說，本書將對他們發揮極大助益。本書的資訊內容其實相對而言不重要，也就是說，閱讀本書不是為了學習新事物，而是讓你更深入內在，更處於臨在狀態，以便從持續不斷的、強迫性的思想之流中跳脫。如果你內在無法認出文字所指的意涵，哪怕這個認知似乎十分生疏或一閃而逝，那麼這些文字就變得沒有意義，不過就是一些抽象概念罷了。但是，如果你出現這樣的認知，那表示覺醒的意識已經開始在你內在生起，而你閱讀的那些文字扮演了推手，將它引導了出來。

如果你在本書讀到某個段落讓你覺得很震撼，我想讓你明白，你的感受正是你自身的靈性力量，也就是你本質上的真實身分。只有靈性（Spirit）能認出靈性。

CONTENTS

Chapter 1

超越思想

思想只不過是意識整體、亦即你真實身分之整體的一個微小面向。

當前正在興起的不是一個新的信念系統，不是一個新的宗教、靈性之意識形態或虛構神話。我們不僅走到了迷思的終點，也來到了意識形態和信念系統的盡頭。這種改變比心智內容的改變更深層，也比思想的改變更深層。

事實上，這個新意識的核心關鍵就是超越思想，而這個新發現的能力能讓你躍升至思想之上，讓你領悟到內在那個比思想更廣袤無垠的向度。

過去你將老舊意識認同為自己，如今則不會再從舊意識持續的思想之流中尋找你的身分認同、尋找你是誰。領悟到「腦袋裡的聲音」不是真正的我，是件多麼解脫的事啊！

那麼「我是誰」？你就是那個看見這整件事的，就是思想生起前即已存在的覺知，也就是思想或情緒、感官知覺發生的空間。

不快樂的主因從來就不是你置身什麼處境的問題，而是你對它的想法。

要覺知到你腦袋裡進行的想法，將它們從處境分開來，因為處境永遠是中性的，永遠如其所是。處境或事實存在，而我們又產生對它的想法。

不要編造故事，只要與事實同在就好。例如，「我完蛋了」是個故事，限制並阻礙你採取有效的行動。「我銀行只剩下五毛錢」是個事實。面對事實，永遠都是讓你更有力量的做法。要覺察到自己的想法在很大程度上能創造出你所感受的情緒。

要看清楚你的想法和情緒間的關聯，不要成為你的想法和情緒，而要成為它們背後的覺知。

「這世界的智慧在神看是愚拙。」《聖經》如是說（原書註1）。什麼是「這世界的智慧」？就是思想的活動，以及僅由思想單獨定義的意義。

思考會將一個處境或事件個別孤立出來，稱它是好或壞的，彷彿它是個別獨立的存在。由於過度依賴思考，現實變成片段式的。這種片段現象是個錯覺，但是當你深陷其中，它卻看似十分真實。宇宙是個不可分割的整體，一切事物都是相互連結的，沒有任何

原書註1：〈哥林多前書〉3：19。原書採用的《聖經》版本為「新標準修訂版」（New Revised Standard Version，簡稱NRSV），此英文版無公定標準中文版，亦非華文世界廣泛採用的版本，因此本書的聖經引文以譯出原文意義為主，另參考中文各版聖經調整用字。

東西能孤立存在。萬事萬物在較深層次上全都相互連結，而這意味著好與壞的心理標籤在究竟上是虛幻不實的。

這些標籤永遠意味著一種局限的觀點，因此其真實性是相對的或短暫的。

隨機的事件並不存在，也沒有任何事件或事物是孤立的個別存在。組成你身體的原子，曾經是在星星內部形成的，甚至連引發最微小事件的肇因其實都無限多，而且以不可思議的方式與整體有著連結。

如果你想要追溯一個事件的起因，就必須一路回溯至創造的最初。宇宙（cosmos）不是混亂無序的。Cosmos（宇宙）這個英文字，原始意義就是秩序（譯註1）。只不過，這種秩序不是人類的心智可以理解的，人類的心智只能偶爾瞥見這種秩序。

譯註1：cosmos源自希臘文kosmos，意思是秩序。

我們若走進一座尚未被人類干擾的森林，那擅於思維的心智看見的一定只有周遭的混亂無序。甚至連生（好）與死（壞）都無法區分了，因為到處都有新生命從腐敗的東西裡生長出來。

唯有當我們內在足夠定靜，且思考的噪音逐漸消退之後，我們才能覺知到此處隱藏的和諧，覺知到那份神聖，以及萬事萬物完美地各安其所，除了如其所是、如其本來之外別無他法的更高秩序。

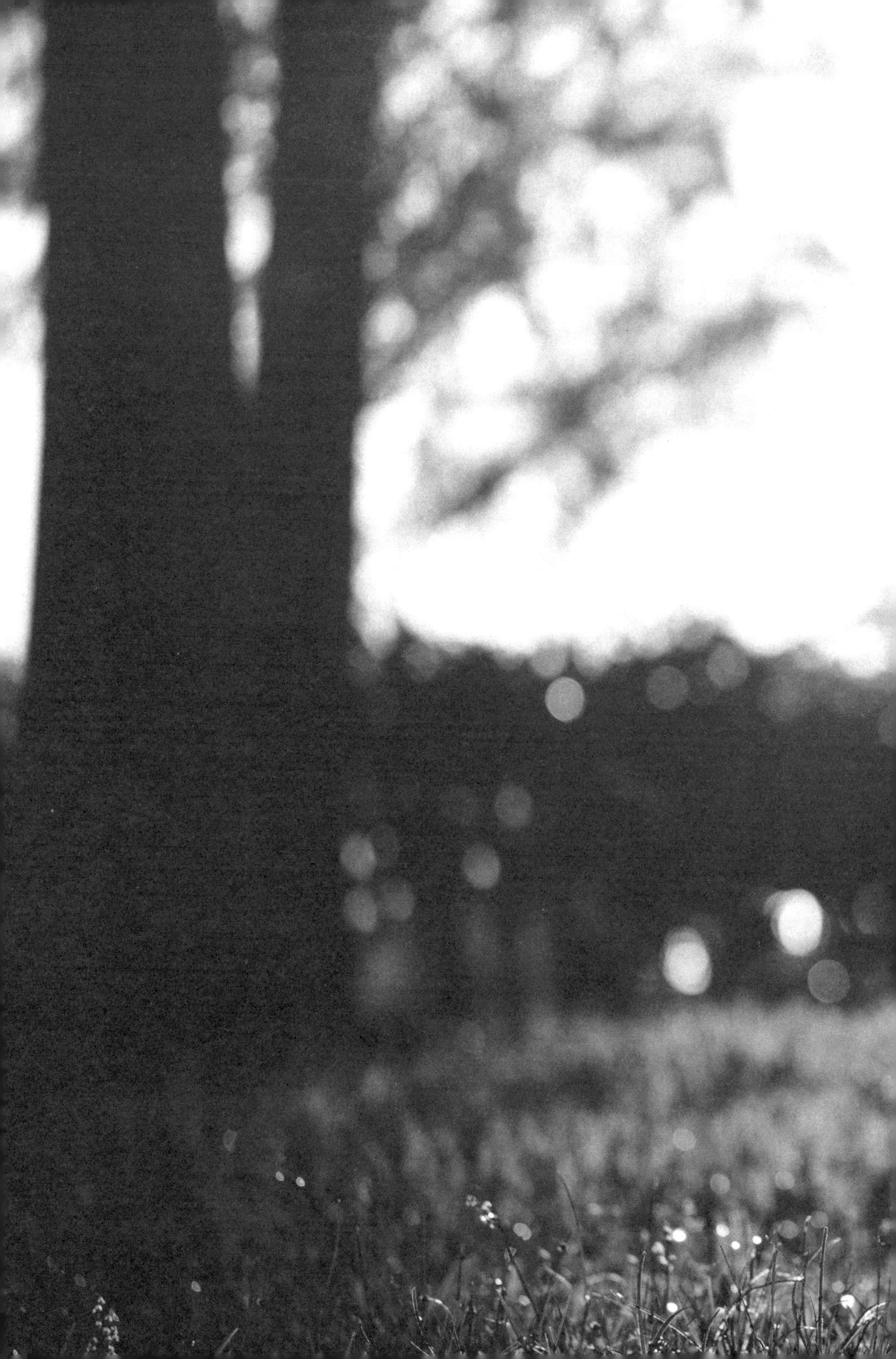

心智處於一座景觀公園時會覺得比較舒服，因為那是被思想規劃過的，不是自然生長出來的。那裡有心智可以理解的秩序。而在森林裡，在心智看來只有像是一片混亂、無從理解的秩序，它超越了好與壞的心理歸類。你無法透過思想來理解它，然而當你放下思想，變得定靜，保持警覺，你就可以感覺到它，但切莫努力去理解或解釋。唯有如此，你才能覺知到森林的那份神聖。

一旦你感受到隱藏的和諧與神聖，你會領悟到自己並未與它分離，而在你領悟的那一刻，你就變成了其中有意識的一分子。如此，大自然就能幫助你與生命的整體重新變得和諧一致。

這就是大多數人的現實狀態：只要一感知到什麼東西，那個幽靈自我，也就是小我，就會立刻將它命名、詮釋、與其他東西做比較，喜歡或不喜歡，或說它好或不好。他們被囚禁在思想的形式裡，在客體意識裡。

你必須停止這種強迫性的無意識命名行為，或至少能覺知到它，並在它發生的當下觀察它，如此才能獲得靈性覺醒。

小我就是透過這種不斷的命名來鞏固它的地位，繼續做為一個未受觀照的心智。而每當它停止這麼做，甚至只要你一覺知到這種行為，就能為自己創造出一個內在空間，讓你不再被心智所迷惑。

挑一個手邊的物品，例如筆、椅子、杯子或植物等，然後對它進行視覺探索，也就是帶著高度興趣，甚或是好奇心來觀看它。

避免挑選對你有特殊意義，會讓你想起過去的東西，例如在哪裡買的、誰給你的等等。也請避開上面有寫字的東西，例如書或瓶子，因為那會引發一些想法。

不需要太用力，放鬆就好，但保持警覺，將你全副的注意力放在該物品的每一個細節上。

如果有什麼思想生起，別被它們牽著走。你該有興趣的不是那些思想，而是感知這個行動本身。

你能將思考過程從感知行動中去除嗎？你可以只是單純地看，而沒有腦袋裡那些品頭論足、忙著下結論、做比較，或努力想釐清什麼的聲音嗎？

幾分鐘之後，讓你的目光在房間或任何你置身之處到處游移，你會發現，無論你那警覺的注意力落在什麼東西上，都會讓那東西為之一亮。

接著，傾聽當下的任何聲音，以你觀看手邊物品的同樣方式傾聽。

有些聲音可能來自大自然，例如水、風、鳥等，有些可能是人造的。有些令人愉悅，有些令人不悅。無論如何，都不要去區分好或壞，讓每一種聲音如其所是地存在，無需做任何解讀。這次也一樣，關鍵是維持放鬆但保持警覺的注意力。

當我們不帶任何解讀或心理標籤去感知一件事，亦即不在我們的感知上添加任何想法，那麼，在我們對看似獨立存在之事物的感知底下，我們依然能感受到一份更深刻的連結。

看看你是否能逮住腦袋裡的聲音，也就是去注意到它，或許是在它剛開始要抱怨什麼事的那一刻，然後認出它真正的樣子：那是小我的聲音。它只不過是一個受制約的心智模式，一個思想。當你注意到那個聲音，你也會了解到你不是那個聲音，而是覺知到那個聲音。

事實上，你「正是」那個覺知到這個聲音的覺知。覺知存在於背景裡，而聲音，那個思考者，存在於前景中。若能這麼做，你會變得越來越能夠從小我中解脫，從未受觀照的心智中解脫。

沒有任何概念或數學方程式能解釋無限。沒有任何思想能涵蓋整體的浩瀚無邊。現實是個統一的整體，但思想卻將它切割成無數片段，以致導致了一些根本上的誤解，舉例來說，人們誤以為獨立自存的事物或事件是存在的，或「這個」就是導致「那個」發生的原因。

每個思想都意味著一種觀點，每一種觀點本質上來說都意味著限制，而這終究表示那不是真實的，至少不是絕對真實。只有整體是真實的，然而整體無法被說出、或被思考。從超越思想限制以致人類心智無法理解的層面來看，每一件事都正在當下發生。

一切過去曾是的，或即將是的，都存在於當下，存在於時間之外，所謂時間只是一種心理構念。

當你不再用語言文字和標籤去掩飾這個世界，奇蹟般的感受將重返你的生活，而那是人們失去已久的東西，因為人們沒有好好運用思想，反而被它所控制。

一種深度也會重返你的生命。所有事物會重拾其嶄新、鮮活的狀態。最大的奇蹟就是去體驗你那個存在於任何語言文字、思想、心理標籤和形象之前的最根本自我。而要讓這件事發生，你必須將你的「我」感，你的「本體」感（編註），從所有它與之糾結，也就是它所認同的事物中鬆綁開來。

編註：「本體」詳見P60譯註4說明。

是否可能放下你應該或必須知道你是誰的信念呢？換句話說，你能不能停止追求概念上的定義，以從中獲得一種自我感？你能不能停止指望思想來給予你一個身分認同？

你越是讓自己的思想變成你的身分，就越隔絕於內在的靈性向度之外。

藉由思想來定義自己，是在限制自己。若是能徹底接受「你不知道」這件事，你其實就進入一種寧靜和清楚的狀態，而那種狀態遠比思想更貼近真實的你。

不要追求快樂。如果你追求，就不會找到，因為追求本身就是快樂的對立面。快樂永遠都是個難以捉摸的東西，但是從不快樂中解脫是當下就可以達成的，你所要做的就是面對事物的如是樣貌，而不是編織故事。

不快樂遮蔽了你身心安寧與內在平靜的自然狀態，而這種狀態才是真正的快樂來源。

Chapter 2

當下這一刻的力量

小

我的最大敵人就是當下這一刻，也就是「生命」本身。

時間被視為無止境的連續時刻，有時是「好的」，有時是「壞的」。然而，如果你更仔細地檢視，也就是參考你的切身經驗來看，你會發現其實根本沒有眾多時刻。你會發現唯一存在的只有「當下此刻」。

生命永遠存在於當下。你的全部生命在接連不斷的「當下」開展。甚至過去與未來的時刻，也只有在你記起或期待它們時才會存在，而你是透過在唯一存在的時刻，也就是當下這一刻去思考它們，才讓它們存在的。

那麼，為什麼看起來好像有那麼多時刻存在？因為人們將當下這一刻與發生的事混淆了，與內容混淆了。當下的空間與該空間中發生的事混淆在一起了。當下時刻與內容的混淆，不但製造出時間的幻覺，也製造出小我的幻覺。

每一樣事物似乎都受到時間的支配，然而卻全部發生於當下，那就是矛盾所在。

環顧四周，你能找到許多證明時間真實性的「間接」證據——腐敗的蘋果、你鏡中的臉龐對照你三十年前老照片中的臉龐等，然而你永遠找不到「直接」證據，你從未體驗過時間本身。你體驗到的永遠都是當下的時刻，或者發生在其中的事。

如果你只依靠直接證據，那麼時間並不存在，當下永遠是唯一的存在。

任何存在或發生的，都是當下所採取的一種外在形相（form）。只要你在內在抗拒它，那麼形相，亦即這個世界，就成了一道無法穿透的屏障，使你和你超越時間的真實身分分隔開來，使你和你真正所是的無形相一體生命分隔開來。

當你在內在接受當下所採取的形相，那麼該形相反而會變成一道通往無形相領域的大門，人間世界與神的分隔也會就此消融。

如果你抗拒發生之事，那麼你就只能任由發生之事擺布，任由這個世界決定你的快樂與不快樂。

多數的小我都擁有互相矛盾的欲求。它們在不同時間欲求不同東西，甚至不知道自己要什麼，不過唯有一件事是確定的：他們不想要如是現狀（what is），也就是當下這一刻。

要與如是現狀保持一致，代表要對發生之事建立起內在的不抗拒。這表示不要在心理上對它貼上好或壞的標籤，而是讓它如其所是。難道這意味著你再也不能在生活中採取行動、做出改變嗎？正好相反。當你的行動基礎是內在與當下時刻的一致性，你的行動將具備生命智慧所賦予的力量。

每當你感到焦慮或壓力重重，外在目的已經接管了你。當你忽略了內在目的時，你已經忘記意識狀態才是最重要的，其他一切都是次要。

為何焦慮、壓力或負面情緒會生起？因為你背離了當下時刻。而你為何會這麼做？因為你以為有別的事情更重要，你遺忘了你的主要目的。就是這一個小錯誤，一個小誤解，創造出一整個受苦的世界。

小我對待當下時刻有三種方式：將它視為達成某個目的的手段，將它視為障礙，以及將它視為敵人。

當你對生命在當下這一刻所採取的形相做出抗拒反應，當你將當下視為一種手段、一個障礙或敵人，你都會強化一己的有形身分，也就是小我。這就是小我的反應慣性。

什麼是反應慣性？就是做出反應成癮了。你越是慣於反應，你與形相的糾結就越深；而你越是與形相糾結，小我就越強大。你的本體便無法再穿透形相而放出光明，或變得微弱無力。

你生命中最重要、最原始的關係就是你與當下的關係，或說與當下所採取之形相的關係，換句話說，就是你與如是現狀或發生之事的關係。如果你與當下的關係運作失調，這種失調會反映在你遭遇的所有關係和所有處境上。

可以很簡單地如此定義小我：一個與當下時刻失調的關係。就在當下這一刻，你可以決定自己要與當下擁有什麼樣的關係。

「我想讓當下時刻成為我的朋友還是敵人？」

當下時刻與生命是不可分的，因此，你其實是在決定你想要與生命擁有什麼樣的關係。

一旦你決定要讓當下時刻成為朋友，那麼是否踏出第一步完全取決於你：友善對待它，無論它假扮成什麼面貌都要表示歡迎，那麼，很快你就會看到結果。生命對你變得更友善了，人們樂於幫助你，環境也願意與你合作。一個決定便改變了你的整個現實。但是，這個決定你必須一而再、再而三地去做，直到你能很自然地用這種方式生活為止。

將你意識中的時間去除，就是將小我去除。那是唯一真正的靈性修煉。我們在此所謂的時間指的是「心理時間」，也就是小我心智被過去與未來無止境控制的現象，以及它不願意與當下那無可避免的「如是」和諧一致，從而與生命融為一體的狀態。

每當有個對生命說「不」（拒絕）的慣性轉變為說「是」（接受），每當你允許此時此刻如其所是，你就消融了時間與小我。小我要能生存，就必須要讓代表過去與未來的時間變得比當下這一刻更重要。

時間是生命的水平向度，現實的表層。還有一種代表深度的垂直向度，只有透過當下這個入口，你才能進入。

覺知是隱藏在當下時刻（present moment）之內的，那就是為何我們也稱它為「臨在」（Presence）的原因（譯註2）。

人類存在的究竟目的，亦可說是你的目的，就是將當下的力量帶進這個世界。

譯註2：Presence是present的名詞，現在、出席或「在」、呈現的意思。

你的首要目的就是讓「意識」流動至你所做的每一件事，次要目的才是你想要透過「作為」達成的事情。目的的概念過去一向與未來有關，現在，有一種更深層的目的，它只能透過否定時間在當下發現。

你的次要目的或外在目的就存在於時間的向度裡，而你的主要目的是不離於當下的，因此需要否定時間。這兩者如何調和？就是必須了解你的整個生命旅程是由你在每個當下踏出的那一步所組成的。永遠只有這一步，而你必須對它投注全副的注意力。

這不代表你不知道自己要去哪裡，只是代表這個步伐是最重要的，而目的地反而是次要的。你在抵達目的地之後會遭遇到什麼事，就取決你這一步的品質。換句話說：你的未來會如何，取決於你在每個當下的意識狀態。

你可以透過當下這一刻獲得生命的力量，傳統上那一向稱為「神」。一旦你背離了這個時刻，神就不再是你生命中的真實存在了，你生命中就只剩下一種心理概念上的神，這種神有些人相信，有些人否認。即使是相信神，也只是可憐的替代品，無法取代神顯化在你生命每一刻那種活活潑潑的真實狀態。

Chapter 3

我是誰？

你是誰的究竟真相不是我是這個或那個，
而是「我本是」（I Am，譯註3）。

譯註3：「我本是」或稱為「本我」。

將感官所認知的物質身體與「我」劃上等號，也就是認同那個注定會變老、衰敗並死亡的身體，遲早一定會導致受苦的結局。避免與身體認同不代表要你忽視、鄙視身體，或不再好好照顧它。如果身體強壯、美麗或精力充沛，你當然可以享受並欣賞這些特質——在這些特質仍持續的時候。

你也可以透過正確的營養和運動來改善身體狀況。而如果你不將身體與「你是誰」劃上等號，那麼當美麗凋零，精力衰退，或身體傷殘，也不會對你的自我價值感與身分認同造成任何傷害。

事實上，一旦身體狀況開始衰退，那無形的向度，亦即意識的光明，反而更容易穿透衰退的形相而放出光芒。

當你的「本體」感，你的「我本是」感受，亦即無形的意識，與有形的東西混為一談之時，就是小我生起的時候。

小我一向與形相認同，在其中尋找你自己，也因而在某種形相中迷失了自己。形相指的並不單單是物質實體與物質身體，比物體和肉體等外在形相更為根本的是持續在意識場域中生起的思想形式。

你是一個「人類存在體」（human being，譯註4），這意味著什麼？要獲得生命的自主，關鍵不在於控制，而是要找到人（human）與存在本體（Being）之間的平衡。母親、父親、丈夫、妻子、年輕人、老年人，你所扮演的角色、履行的職務，以及所做的任何事，這些都屬於人類範疇，各有各的地位與值得尊敬之處，但是對一個圓滿的、真正有意義的關係或生命而言，卻是不夠的。單單是做為「人類」永遠不夠，無論你多麼努力，或成就了什麼，都沒有用。

那麼還有「本體」這個東西，它是在定靜、警覺的意識臨在中發現的，而這個意識即你之所是。人類是一種形相，而本體無形無相。人類與本體是不可分的、相互交織的。

譯註4：人類的英文為human being，為人（human）與存在（being）兩字的結合，being意思為存在，存在本質、本性或本體，在托勒的中文著作中，大寫Being主要譯為本體。

當你覺察到所有形相的短暫無常，你對它們的執著將會減少，也會在一定程度上降低與它們認同。不執著不代表無法享受這世界提供的一切好東西，事實上，你反而可以享受得更盡興。一旦你能看見並接受萬事萬物的短暫無常，以及不可避免的改變，你就能在世間歡愉仍持續時享受它，不會擔心失去它，也不會對未來感到焦慮。

若你能不執著，就能立足於一個更高的制高點，俯瞰生命中的每一個事件，而不是受困其中。

「靈裡貧乏的人有福了，」（原書註2）耶穌如是說：「因為天國是他們的。」「靈裡貧乏」是什麼意思？就是內在沒有包袱，沒有身分認同。沒有與事物的認同，也沒有與任何帶有自我感的心理概念認同。那麼，什麼是「天國」呢？就是當你放下身分認同，變得「靈裡貧乏」的時候，你就能擁有「本體」那單純而深刻的喜悅。

該如何放下對事物的執著呢？連努力都別想。那是不可能的。當你不再想要從事物中找到自己時，對事物的執著自然會脫落。同時，只要覺知到你對事物的執著就好。有時候，你可能不知道你對某

原書註2：〈馬太福音〉5：3。

件事產生了執著，也就是說，產生了認同，要等到你失去它，或面臨失去它的威脅時才會發覺。如果你因此變得沮喪、焦慮等，表示你已對它心生執著。如果你覺知到自己對某個事物產生了認同，那麼這個認同就不再那麼完全了。

「我就是那個覺知到執著產生的覺知。」那就是意識轉化的開始。

若你能默觀太空的深不可測，或在日出前的時段傾聽寧靜，你內在的某種東西將會與它們產生共鳴，彷彿能夠認出它們。那時，你會感受到太空的浩瀚深廣就如同你自己的浩瀚深廣，你也會知道，那份珍貴而又無形無相的寂靜安止就是你真實身分的更深層面，它比構成你生活內容的任何事物都更深刻。

宇宙的雙重現實是由事物和空間（譯註5）構成的，那也是你自己的現實。一個清醒、平衡、充實的人生，就是構成這現實的形相與空間兩個向度之間的一場舞動。多數人都極力認同於形相、感官知

譯註5：或說由「有」與「空」構成。

覺、思想與情緒的向度，以致錯失了生命中那隱藏的關鍵另一半。與形相的認同，讓他們受困在小我之中。

正如空間讓一切事物得以存在，沒有寧靜就沒有聲音的存在，你若缺少那關鍵的、做為你真實本質的無形向度，你就無法存在。如果「神」這個字眼不是已經被嚴重誤用，我們便可以說該向度就是「神」。不過，我比較喜歡稱它為「本體」。本體是先於存在的。存在是形相，是內容物，是「發生之事」。存在是生命的前景，而本體是背景，一向是如此。

人類的集體疾病就是太沉浸於發生之事，嚴重被世間那些變動不定的形相所催眠，耽溺於生活的內容之中，而忘記了本質，也就是忘記那超越內容、超越形相、超越思想的領域。他們被時間所耗盡，以致忘記了永恆，而永恆才是他們的源頭、他們的家、他們的命運。永恆是你之所是的活生生現實。

在一朵花中見其美好能喚醒你，讓你意識到自己內在本體那最為本質的一部分，也就是你真實本性的一部分。喜悅和愛本質上就是與這樣的認知相連的。

花朵可以為我們以形相表達出那至高、至聖的，最終表達出我們內在無形無相的領域。花朵的生命比生出它們的植物更短暫、更飄渺、更精緻，它們就好比另一個領域來的使者，好比有形世界與無形世界間的一座橋樑。它們不僅散發出優雅且令人愉悅的氣味，也為靈性領域帶來一股芬芳。

若你能帶著警覺默觀一朵花，而不在心理上給它安一個名稱，它就能變成你進入無形世界的一扇窗。你的內在會有一種開啟，帶你進入靈性的向度，無論是多麼輕微的開啟都好。

當你不必扮演各種角色，就表示你的作為裡沒有自我（小我），沒有第二個待辦事項，也就是保護自我或強化自我。如此，你的行動將能發揮更大的力量！因為你完全專注在當下處境，與它合而為一，而不會努力扮演某種特定人士。當你完全是你自己的時候，你是最具力量、最有效力的。

然而，「我要如何做我自己？」這個問題其實是錯的。這樣的問題意味著你必須做些什麼才能成為自己，但是在此，「如何」並不適用，因為你已經是你自己了。只要停止在你已是的自己上添加不必要的包袱即可。

「但我不知道我是誰，我不知道做我自己是什麼意思。」如果你能對「不知道自己是誰」這件事感到完全自在舒坦，那麼剩下的就是你所是的——亦即人背後的本體，一個純粹潛能的場域，而非某種已經被定義的東西。

放棄定義你自己吧——包括為你自己或他人都是如此。你不會死，你反而會活過來，而且不再擔心別人如何定義你。他們定義你的時候，只會限制了他們自己，而那是他們的問題。你在與他人互動的時候，不要只注重自己的功能或扮演的角色，而是要成為一個有意識臨在的能量場。

若能對形相不抗拒，你內在那超越形相的便能生起，成為涵攝一切的臨在，這份寧靜的力量遠遠大於你那短命的有形身分，也就是人身。你的真實身分，比這個外在形相世界裡的任何東西都更為深刻。

當你思考、感覺、感知並體驗的時候，意識就誕生為形相。它會轉而化身為一個思想、一種感受、一種感官知覺，以及一個經驗。這種佛教徒期盼最終能脫離的再生循環，一直持續不斷在發生，而唯有在此時此刻，透過當下的力量，你才能從中解脫。

只有透過全然接受當下的形相呈現，你才能在內在與空間保持協調一致，而那份空間就是當下的本質。

藉由接受，你的內在才能騰出空間。要與空間保持和諧一致，而不是外在形相：如此便能為你的生命帶來真實的觀點與平衡。

人們相信自己是否快樂取決於發生什麼事，也就是說，取決於外在形相。他們不明白的是，發生之事是宇宙間最不穩固的，因為那是瞬息萬變的。

他們看待當下時刻時，若不是覺得它被某件不該發生的事破壞了，就是因為某件應發生而未發生的事而覺得它不夠好。因此，他們錯失了生命深層本有的圓滿，那份圓滿永遠已經存在於此時此刻，超越了發生什麼或不發生什麼事的層面，超越了外在形相的層面。

接受當下這一刻，找出那份比任何形相更深層，且無法被時間碰觸到的圓滿吧。

本體的喜悅，是唯一真實的快樂，它無法透過任何形相、財產、成就、人或事——也就是無法透過任何發生之事來到你身上。那份喜悅無法「來到」你身上，永遠無法。它是從你內在那無形無相的領域，從意識本身散發出來的，因此與你的真實身分本為一體。

Chapter 4

覺　醒

唯有實際覺醒，
你才能知道這個名詞的真正意義。

當你覺醒，你會認出自己其實是思想背後的覺知，而不會迷失在思想念頭裡。

思考行為於是不再成為一種只顧自利的機械化活動，控制你、主導你的生活。覺知接手，取代了思考。思考不再主導你的生活，而是變成覺知的僕人。覺知是與宇宙智慧的有意識連結。

它的另一個同義詞就是臨在：無思無念的意識。

覺知和思想之間有什麼樣的關係？覺知就是思想存在的空間意識到那個空間自己。

你的內在目的是覺醒，就是這麼簡單。你與這星球上的每一個人都擁有這同樣目的，因為它是全體人類的目的。你的內在目的是整體、宇宙及其生起之智慧的一個必要部分。你的外在目的會隨著時間改變，隨著每個人而有極大差異。找出你的內在目的並讓生活與它保持同調，才是你實現外在目的的基礎，那是獲得真正成功的基石。

人類注定要超越痛苦，但不是以小我自以為是的方式。

小我的許多錯誤假設之一，許多妄想之一，就是「我不應該受苦」。而這樣的念頭正是受苦的根本原因。受苦有著一個崇高目的，那就是為了意識的進化（覺醒）與小我的消融。被釘上十字架的那位，就是一個原型的形象，他是每一個男人，也是每一個女人。

只要你還在抗拒痛苦，它就會是一個緩慢的過程，因為抗拒會創造出更多必須消融的小我。然而，若你能接受痛苦，這個過程就會加速，因為你是有意識地在受苦。你可以接受自己的痛苦，或接受他人的痛苦，例如自己的孩子或父母。

在有意識受苦的過程中，蛻變已經開始發生。痛苦的烈焰將轉變為意識的光明。

小我說：「我不應該受苦，」這樣的想法只會讓你受更多的苦。那是對真相的一種扭曲，而真相永遠是似非而是的。真相就是，你在能夠超越痛苦前，必須先對它說「是」。

如果小我的世俗戲碼帶有任何目的，那麼它有一個間接的目的，就是在地球上製造出越來越多的痛苦，而雖然痛苦大體上都是由小我製造的，但是最終毀滅小我的也是它。它是將小我自己燃燒殆盡的火焰。

「有一天我會擺脫小我：我會覺醒。」這是誰在說話？小我。

擺脫小我其實不是什麼大工程，只是一件非常小的事。你所要做的就只是覺知到你的思想和情緒——就在它們發生的當下。這其實不是一種「作為」，而是一種帶著警覺的「看」。就這層意義而言，要擺脫小我，確實沒有什麼你可以做的事。當那個轉變發生，也就是思考轉變為覺知的當下，有一種遠比小我的聰明更高的智慧會開始在你的生命中運作。

你無法藉由努力變良善而真的變良善，只能藉由找到原本就在你內在的良善，然後讓那份良善浮現來辦到。但是，你的意識狀態必須要有根本的改變，它才會浮現。

禪宗說：「不用求真，唯須息見。」（譯註6）這是什麼意思？拋開你與心智的認同，那麼，你那超越心智的本來面目就會自行浮現。

譯註6：出自僧璨大師的《信心銘》。原書英文為「Don't seek the truth. Just cease to cherish opinions.」直譯為「不要尋找真理，只要停止抱持各種見解。」

覺醒的其中一個關鍵要點就是辨認出尚未覺醒的你，亦即在思考、說話、行動當下的小我。當你辨認出自己內在的無意識，那個促使你認出它的，就是生起的意識，就是覺醒。

與小我奮力對抗是不會贏的，如同你無法奮力對抗黑暗，你唯一需要的只有意識的光明，而你就是那光明。

許多人的大部分生活都不由自主地被各種事物占據，而無論小我追求什麼或執著於什麼，都只不過是替代品，用來取代它無法感覺到的「本體」。

你可以珍惜、愛護事物，但是一旦你對它們產生執著，你就知道那是小我在作祟了。而你永遠無法真的對一個事物產生執著，事實上你是對一個帶有「我」或「我的」的想法產生執著。

當你能夠完全接受失去，你就超越了小我，這時你的真實身分，亦即做為意識本身的「我本是」或「本我」，就會浮現。

有許多人直到臨終，直到所有外在事物都消失，沒有剩下任何一樣東西和他們的真實身分有關之際，才恍然大悟。

當死亡逼近，整個「擁有」的概念將會被拆穿，變得毫無意義。在生命的最後時刻，他們也才終於領悟到，自己一生不斷追求一個更完整的自我感，但他們真正想要追求的，亦即他們的本體，其實早已經唾手可得，只是大多被他們與各種事物的認同所遮蔽罷了，而那種認同意味著與心智的認同。

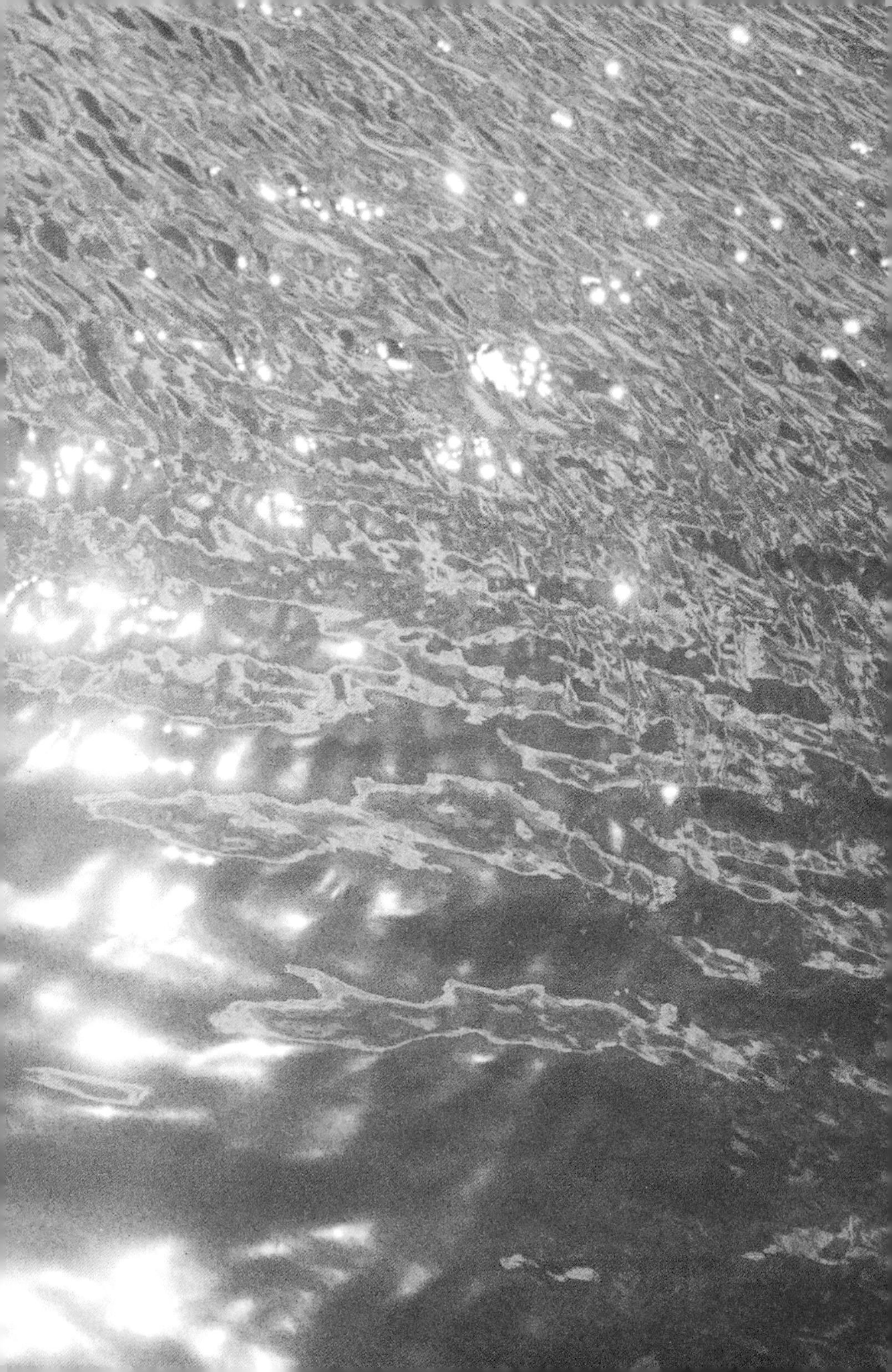

對一些人而言，覺醒會發生在他們突然覺知到自己思維裡慣有的幾類想法時，尤其是已經認同了一輩子的固執負面想法。突然間，覺知生起，覺察到了那個想法，但那個覺知並非想法的一部分。

一個人生命的回歸運動，即外在形相的衰退或消融，無論是透過老化過程、疾病、失能或一些個人的不幸而發生，都隱含著靈性覺醒的極大潛能——這就是意識不再認同於形相的過程。

在新的世界裡，老年將會普遍被認知為一個意識綻放的階段，一個受到重視的階段。對那些依然迷失在生命外在境遇裡的人而言，這個階段就像是遲來的歸鄉，他們將對自己的內在目的覺醒過來。而對許多其他人而言，這個階段代表的是覺醒過程的強化與高峰。

雖然如此，但是如果你的覺知能增強，小我不再能操縱你的生活，你便不需要等到老化或個人不幸造成你的世界萎縮或崩塌，才開始對內在目的覺醒過來。

新的意識已經開始在這個地球興起，越來越多的人不需要透過其他人事物的撼動才能覺醒，雖然他們依舊投入向外成長與擴張的循環，卻能自發地擁抱覺醒過程。

當那個循環不再受到小我的侵占，靈性向度就能透過例如思想、言語、行動、創造等外向活動而進入這個世界，而其力道將和走向定靜、本體與形相消融過程的回歸運動一樣強大。

愛就是在他人身上認出自己。那麼，他人的「他者性」（otherness）將會被揭穿，變成一種純粹依附於人類領域，也就是形相界的幻覺。

當他人認出了你，這份認知會將你們雙方本體的向度引導出來，讓它更完整地進入這個世界。這就是能夠拯救世界的愛。

Chapter 5

內在空間

當意識不再完全被思考行為所吸引，

部分的意識將會維持在無形無相、未受制約的原始狀態。

那就是內在空間。

多數人的生活都塞滿了各種雜七雜八的事物：實體物品、待辦事項，還有待思考的事務等等。他們的生活如同人類歷史，一如邱吉爾曾這麼定義的：「一樁接一樁的鳥事」（one damn thing after another）。

他們的腦袋充斥著紛亂的想法，一個接一個不斷冒出。這種客體意識的向度就是許多人主要的現實狀態，也是生活如此失去平衡的原因。

客體意識需要空間意識來平衡，才能使地球恢復到神智健全的狀態，也才能讓人類完成其命運。空間意識的出現，是人類進化的下一個階段。

空間意識的意思是：除了意識到事物（一言以蔽之，就是感官知覺、思想和情緒），底下還有一道覺知暗流的存在。覺知意味著你不只能意識到事物（客體），你也能意識到你是有意識的。如果你能在事物發生於前景時，察覺到背景中有一份警覺的、內在的定靜——那就是了！

這個向度存在於每一個人之中，但是大多數人卻對它完全不知不覺。有時候我會透過這句話來點出它：「你能感覺到自己的臨在嗎？」

空間意識代表的不僅僅是從小我中解脫，還有從對世間事物的依賴、從物質主義和物質中解脫。單單這樣的一個靈性向度，就能為世界帶來超越，並賦予它真實的意義。

若你能不再完全與形相認同，那麼做為你本來面目的意識就能從形相的囚籠解脫，得到自由。這份自由的來臨正是內在空間的生起。

它會以定靜的狀態到來，一種內在深處微妙的寧靜感，即使面臨表面看似糟糕的事情也不為所動。突然間，事件周圍出現了空間，情緒的高低起伏間也出現了空間，甚至痛苦周圍也出現了空間。

最重要的是，你的思想之間出現了空間。而從這樣的空間裡，散發出不屬於這個世界的寧靜，因為這個世界是外在形相，而那份寧靜是內在空間。這就是來自神的平安。

現在，你可以享受這世界的各種榮耀與事物，而不必賦予它們其實它們從未擁有的重要性與意義。你可以參與這場創造之舞，過一個活躍的生活卻不會執著於結果，也不會對世界提出無理的要求，例如：滿足我、讓我快樂、讓我覺得安全、告訴我我是誰等等。

這世界無法給你這些東西，但是當你不再懷抱這些期待時，所有自己創造的痛苦就會結束。所有這一切的受苦都是因為高估外在形相的重要，卻對內在空間的向度不知不覺的後果。而當這個向度出現在你生命中，你就可以享受各種事物、各種經驗，以及感官的愉悅，而不會在其中迷失自己，內心不會對它們產生執著，也就是說，你不會對這個世界上癮。

當這個空間的向度不見了，或不為人知，那麼世間的事物就會冒充取得它們其實根本沒有的絕對重要性、嚴重性與分量。

當人們不從無形相的觀點來看待世界，世界就會變成一個充滿威脅的地方，最終成為一個絕望的所在。

《舊約聖經》裡的先知必然已經感受到了這一點，所以寫道：

「萬事令人厭煩，人不能說盡。」（原書註3）

原書註3：〈傳道書〉1：8。

要透過創造空隙，在思想之流中找出內在空間。沒有這些間隙，你的思想會變得重複、平淡乏味，缺乏任何創意，這星球上的大多數人仍是如此。

你不需要擔心空隙的時間能持續多長，只要幾秒鐘就足夠了。漸漸地，空隙會自己變得越來越長，根本不需要你費力去做任何事。比持續時間更重要的，是要更頻繁地將間隙帶入生活中，如此你在每日的活動與思想之流間才能穿插著空間。

要覺知你的呼吸，注意這個舉動如何將你的注意力從思考移開，創造出空間。

留意呼吸的感覺，感受空氣吸進、呼出你的身體。留意胸腔與腹部隨著吸氣與吐氣微微地擴張、收縮。一個有意識的呼吸動作就足夠為你創造一些空間，中斷原本一個接一個連續不停的思想流。

一次一個有意識的呼吸（兩、三個更好），然後在一天當中進行多次，就是為生活帶來空間的絕佳方法。

即使你花兩個小時或更多時間來做呼吸靜心，有些人確實在這麼做，你所需要的也只是覺知到一個呼吸，事實上，你從來也只能覺知到一個呼吸。其餘的全是記憶或各種預想，也就是所謂的思想。

呼吸並非真的是一件你可以去做的事，而是你在它發生的當下去觀照的事。呼吸是自己發生的，是身體內部的智慧在做它。你所要做的，就只是看著它發生，不帶任何緊張或努力。

此外，也要留意呼吸短暫停止的時刻，尤其是在吐氣結束後，下一個吸氣開始前那個靜止的瞬間。

每當你對某件事、某個人或某個處境感到心煩，真正的原因並非那個事件、人或處境，而是你喪失了唯有空間能提供的真實觀點。你受困在客體意識中，無法覺知到意識本身那永恆的內在空間。

空間意識與「腦袋一片空白」（spaced out）一點關係也沒有。兩者都是超乎思想的，這是它們的共通點，但根本的不同在於：前者是超升於思想之上，後者卻是掉落在思想之下。一個是在人類意識進化之路上往前踏出一步，另一個是退化到我們億萬年前早已拋在腦後的階段。

找到內在空間的最大障礙，以及找出那個經驗者、也就是無形無相的「本我」的最大障礙，就是被那些讓你迷失其中的經驗迷惑，那表示意識已經迷失在自己的夢境裡。你被每一個思想、每一種情緒、每一個經驗欺騙，而且程度嚴重到根本處於一種做夢般的狀態，而這就是數千年來人類的正常狀態。

你一聽說內在空間這個東西，可能就會開始尋找它，但由於你尋找它的方式彷彿在尋找一個物品或一個經驗，所以你找不到它。這就是所有追尋靈性了悟或開悟的人會遇到的兩難困境。

因此，耶穌說：「神的國來到不是眼所能見的。人也不得說『看哪，在這裡！』、『看哪，在那裡！』，因為神的國就在你們心裡。」（原書註4）

如果你不要把所有清醒的時間都花在不滿、擔憂、焦慮、沮喪、絕望等情緒上，或消耗在其他負面狀態上；如果你能享受簡單的事

原書註4：〈路加福音〉17：20－21。

物，例如聆聽雨聲或風聲；如果你能看見飄過天空的雲朵有多麼美，或有時單獨一人卻不覺得孤單、不需要心理上的刺激或娛樂；如果你發現自己真心地仁慈對待一個完全陌生的人，而沒有想要從對方身上獲得什麼……那就表示在人的心智那連續不斷的思想之流中，有一個空間已經打開了，無論多麼短暫都無妨。

當這件事發生，你會出現身心安寧的感受，一種充滿活力的寧靜，儘管感受可能十分細微。這種感受的強度因人而異，小至在背景中感受到一份幾乎難以覺察的滿足感，大至體驗到古印度智者所謂的「阿南達」（ananda），亦即本體的至福。

由於你一直以來受到的制約都是只注重外在形相，所以你或許只能間接地覺察到它。

舉例來說，在看見美、欣賞簡單事物、享受單獨的時光，或以慈愛之心對待別人的能力之中，其實有一個共同元素存在。這個共同元素就是無形背景中的滿足感、寧靜與活力，若缺少這個元素，這些體驗就不可能發生。

每當有美麗、仁慈，以及對生活中簡單事物的美好認知，請在你的內在尋找這種經驗的背景，但是切莫用尋找一樣東西的方式尋找它。

你無法把它放在一個地方，然後說：「看，我找到它了」，或是在心理上抓住它，然後用某種方式去定義它。它就像萬里無雲的天空，它無形無相。它是空間，它是寂靜定止，是本體的甜美，卻又比所有這些形容詞還要無限廣大，這些字眼不過是一個指標罷了。

如果你能在自己內在直接感受到它，它就會變得更深刻。因此，當你欣賞一件簡單事物的時候，例如一個聲音、一個景象、一個觸碰等，當你看見美，當你感覺到對他人的慈愛時，請感受你內在的空間，它就是那些經驗的源頭與背景。

以下是另一個找到內在空間的做法：意識到你正在保持有意識。說出或想著「我本是」（I Am），不要添加任何東西。覺知伴隨本我而來的定靜狀態。感受你的臨在，那赤裸、揭去面紗、褪去外衣的存在本質。它完全不會受到老或少，富或窮，好或壞，或其他任何屬性所影響。

Chapter 6

你的生命目的

你的生命有個內在目的，也有一個外在目的。
內在目的與本體有關，而且是最重要的；
外在目的與作為有關，是次要的。

你生命真正的、首要的目的無法從外在層面找到，它關乎的不是你做了什麼，而是你是什麼——亦即你的意識狀態。

行動，雖然必要，但在顯化我們的外在現實方面也只是次要因素。

創造的最重要因素是意識。無論我們多麼活躍、付出多少努力，都是我們的意識狀態在創造我們的世界，如果在這個內在層次上不做出改變，無論多少行動都不會有影響力。我們只會不斷地重新創造出同一個世界的修飾版，因為這個世界就是小我的外在外映。

一旦你對覺知或臨在有了瞥見，你會知道那是第一手的，它不再是你腦袋中的一個概念。那麼，你就可以有意識地決定保持臨在狀態，而不是耽溺在無用的思考裡。

你可以邀請「臨在」進入你的生活，換句話說，讓它為你製造空間。

隨著覺醒的恩典到來，責任也隨之而來。你要麼可以裝作什麼事都沒發生，繼續過著舊有的生活，要麼可以看見其意義，認知到覺知的生起是能夠發生在你身上的最重要事件。

那麼，敞開自己，迎向興起的意識，並將它的光明帶進這個世界，就成了你生命最重要的目的。

覺醒的作為就是讓你的外在目的（你所做的事）與內在目的（覺醒過來並保持清醒）和諧一致。透過覺醒的作為，你會與宇宙的外向目的合而為一。意識會流經你而進入這個世界。它流進你的思想裡，然後啟發它們；它流進你的作為裡，引導它們、賦予它們力量。

覺醒作為的特徵就是接受、享受與熱情。它們各自代表了特定的意識振動頻率。你必須保持警醒，做任何事的時候，包括最小的事和最複雜的事，都要確保其中一種特徵充分運作。

如果你不是處於接受、享受或熱情的其中一種狀態，請深入檢視自己，你會發現你正在為自己和他人製造痛苦。

凡是你在做時無法享受的事，至少要接受它是必須做的。接受的意思是：現在，它就是此時此刻、目前的處境需要我去做的事，所以我心甘情願去做它。

如果你對所做之事既不能享受也不能接受，那就停止吧，否則，你就不是在為你唯一能負責任的一件事負起責任，而這件事剛好就是那唯一一件要緊的事：你的意識狀態。而如果你不為自己的意識狀態負起責任，你就是對生命不負責任。

在新世界裡，享受會取代欲求，成為促使人們行動的動力。欲求是從小我的錯覺中生起的，小我以為自己只是獨立自存的片段，與存在於所有創造背後的力量並不相連。然而透過享受，你將會連接上宇宙的創造力量。

如果你已經能享受自己正在做的事，而不是非要等到改變發生才開始享受所做之事，那麼外在層次的擴張與正向改變發生在你生命中的機率將會大上許多。

當你將當下時刻當成生命中的焦點，而非過去與未來，你享受自己所做之事的能力將大幅增加，生活品質也會隨之大幅提高。

喜悅並非來自你所做之事，它從你內在深處湧入你所做之事，然後進入這個世界。

你會享受自己全然臨在時所從事的任何活動，任何不僅僅是充當達成目標之手段的活動。你真正享受的，並非你所做出的行動，而是一種流入行動中的深層活力。那份活力與你的本來面目本是一體。

這表示你在享受一件事的時候，你真正體驗到了本體之動態面向的喜悅。那也是為什麼任何你所享受的事，都能讓你連接上創造背後的那股力量。

以下是能為你的生命帶來力量與創造性擴展的靈性修煉。列出幾個你每天經常做的例行活動，包括你認為很無趣、無聊、冗長乏味、有點討厭或帶來壓力的活動，但不要包括任何你痛恨或憎惡的事，因為那屬於接受或停止所做之事的案例。

這份清單可以包括上下班的通勤、食品雜貨採買、洗衣服，或任何你覺得日常活動中冗長乏味、覺得有壓力的事。然後，每當你從事這些活動時，讓它們成為一個保持警覺的媒介。

做事的時候要全然臨在，覺察活動背景中那份警覺、活力與定靜。很快你會發現，你在高度覺知的狀態下從事的活動，非但不會再讓你感到壓力、乏味冗長或討厭，事實上還能帶來樂趣。

更確切來說，你所享受的並非真的是外在行為，而是流入那行為中的內在意識向度。如果你覺得自己的生活缺乏意義，或壓力太大、沉悶乏味，那是因為你尚未將那個向度帶進你的生活。有意識地去做你正在做的事，尚未成為你的主要目標。

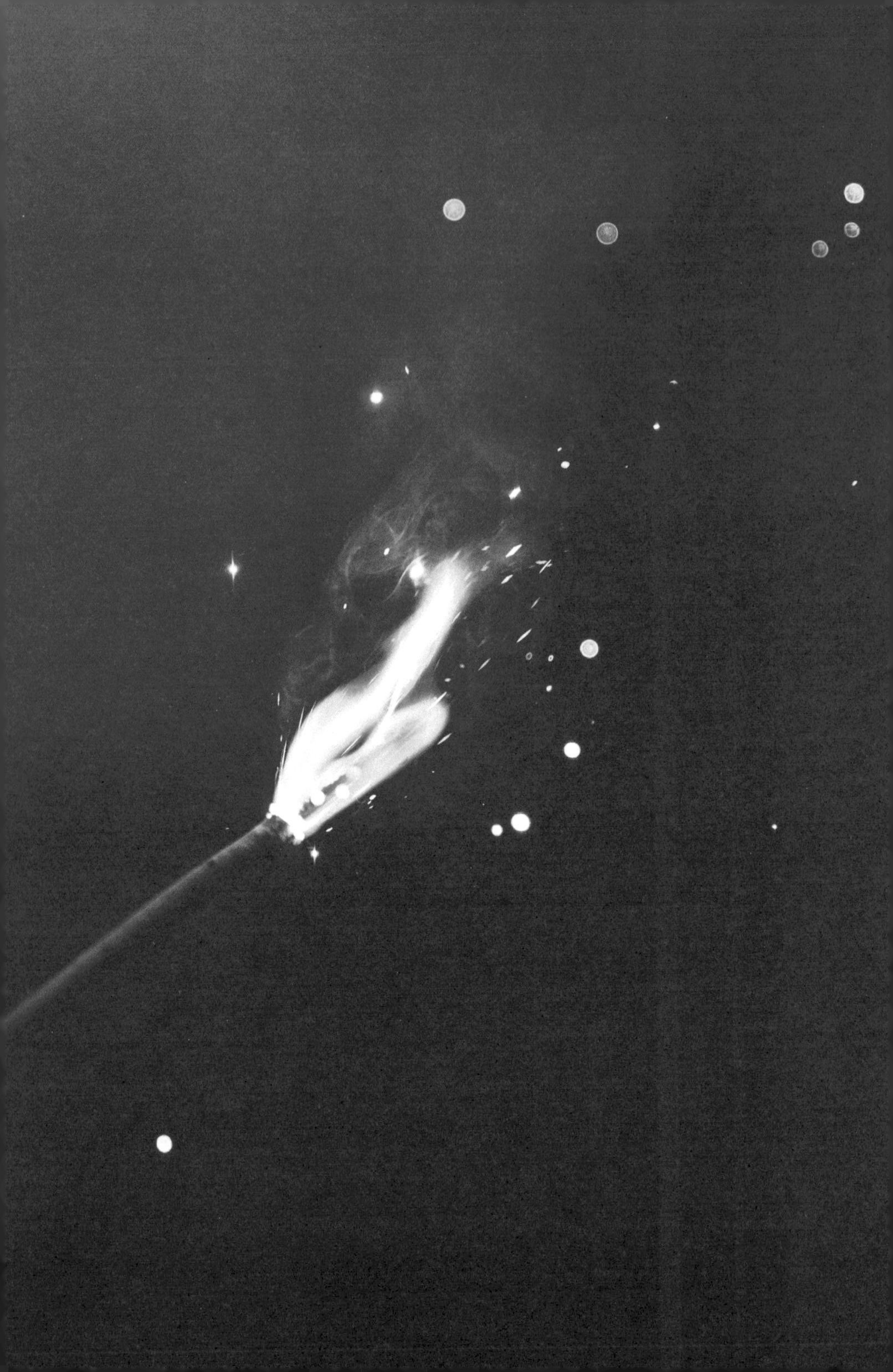

熱情的意思是除了你對所做之事能盡情享受以外，再加上一個額外的要素，那就是對你努力的方向擁有目標或願景。

若你能為自己享受的活動加上一個目標，整個能量場或振動頻率就會出現變化。現在，某種程度的所謂結構性張力加入了這個享受狀態，將它轉變為熱情。當注入熱情的創造性活動達到巔峰，你所從事的活動背後將受到高強度與高能量的支持。你會感覺自己彷彿是一支射向目標的箭——同時享受著這趟旅程。

對旁觀者而言，你可能看似壓力重重，但熱情的強度其實與壓力無關。如果你太想達成目標，而這樣的欲求超過了你想好好去做你正在做之事的心態，你就會變得充滿壓力。享受與結構性張力之間的平衡被破壞，而後者勝出了。

壓力總是會影響你所做之事的品質與效率，壓力與負面情緒之間也有強烈的關聯，例如焦慮或憤怒的情緒。壓力對身體是有毒的。

與壓力不同的是，熱情帶有高能量頻率，因此能與宇宙間的創造力量產生共鳴，這也就是為什麼愛默森（Ralph Waldo Emerson）會說：「沒有熱情，難成大事。」（原書註5）

原書註5： Emerson, Ralph Waldo, "Circles," 出自Ralph Waldo Emerson: Selected Lectures, Essays, and Poems (New York: Bantam Classics).

熱情知道自己要往哪裡去，但同時它也深深與其活力、喜悅與力量來源的當下時刻合而為一。熱情無所「欲求」，因為它無所缺乏。它與生命合一，而且無論受到熱情啟發的活動有多大變化，你也不會在其中迷失自己，因為在轉輪的中心，永遠保有一個定靜而又充滿強烈活力的空間，那是活動之中的寧靜核心，它既是一切的源頭，同時亦不為一切所動。

我們正身處人類意識進化過程的一個重大事件中。在我們的星球，或許同時在我們星系或更遙遠星系的許多地方，意識正逐漸從形相之夢中覺醒過來。這並不代表所有的形相（這個世界）都即將消解，雖然有少數幾乎肯定會如此，只是代表意識如今已經可以開始去創造形相，而不會在其中迷失自己，即使是在它創造並體驗形相的過程裡亦是如此。

為何它要繼續創造並體驗各種形相呢？單純只是為了享受它。意識如何去做這件事？透過那些已經了解何謂覺醒作為的覺醒者來做。

一個新物種即將在這個星球興起。它現在正在興起，而你就是它！

Chapter 7

成為臨在的

我們可以學習如何不讓一些狀況或事件持續活在我們心智中，而是將注意力持續帶回最原始而永恆的當下時刻，不再受困於心理劇的編造裡。那麼，我們的「臨在」也會取代思想和情緒，成為我們真正的身分。

只有臨在能讓你從小我中解脫，而你也唯有在當下這一刻才能夠臨在，而非在昨天或明天。只有臨在能鬆綁你心中的過去，進而轉化你的意識狀態。

要保持警覺。如果你有覺知，就能辨認出頭腦裡的聲音，識破它的真面目：它只不過是一個受到過去所制約的老舊思想。

如果你內在有一份覺知，就不再需要相信你所想的每一個念頭。那只是一個老舊的思想，如此而已。而覺知代表的就是「臨在」，只有臨在能消融你內心無意識的過去。

禪宗所謂的「悟」，就是一個臨在的時刻，一個從頭腦裡的聲音短暫出走的現象，那個聲音就是思考過程，以及思想反映在身體上的情緒。這是內在空間的生起，而在這之前，只有紛亂的思想與情緒騷動。

要終結數千年來折磨人類的這場苦難，你必須從自身開始做起，隨時都要為自己的內在狀態負起責任，而隨時指的就是現在。問問自己：「在這一刻，我內心是否有任何負面狀態？」然後，保持警覺，留意你的思想與情緒。

小心那些以各種形相顯現的低強度不快樂狀態，例如不滿、緊張、覺得「受夠了」等等。要小心一些看似能合理化並解釋這種不快感，其實卻造成這種不快的想法。

在當下覺知到自己內在的負面狀態，並不表示你失敗了，反之，這表示你成功了。直到覺知出現，你才能打破與內在狀態的認同，而這種認同就是小我。

隨著覺知的到來，與思想、情緒和慣性反應認同的情況將會解除，但請不要把這種現象與否認混淆在一起。那些思想、情緒與慣性反應被認出來了，而在這被認出來的當下，認同即自動解除了。

你的自我感、你對自己是誰的認識，會經歷一場轉變：在此之前，你是思想、情緒與慣性反應；而現在，你是覺知，是觀照這些狀態的有意識臨在。

透過覺知，情緒甚至是思想都會去個人化。它們非關個人的本質被認出，因此它們不再帶有自我。它們就只是人類的情緒、人類的思想。你全部的個人歷史終究不過是一個故事、一大串思想與情緒，其重要性將退居次位，也不會再盤踞在你意識的最前線。

它不會再構成你身分認同感的基礎。你是臨在之光，那份一切思想與情緒發生前即已存在、比它們都更深層的覺知。

負面狀態是不明智的，它永遠屬於小我。

每當你處於負面狀態，你內在有某種東西其實想要這種狀態，而且將它感覺為愉悅的，相信它能讓你獲得想要的東西。否則，誰想抓住負面狀態不放，讓自己和他人都過得慘兮兮，還為身體創造出疾病呢？

因此，每當你內在出現任何負面狀態，如果能在當下覺知到自己內在其實以此為樂，或相信它有實用目的，你就能直接覺知到小我。

當這一刻來臨，你的身分認同便已經從小我轉移到覺知了。這意味著小我正在萎縮，覺知正在成長。

如果你在處於負面狀態時，能夠領悟到「此時此刻我正在為自己製造痛苦」，這就足夠讓你克服受到小我與慣性反應制約的各種限制。

這份領悟能為你開啟無限的可能性，而這些可能性會在覺知出現時來到你身上——亦即來自其他遠遠高出的智慧、讓你得以處理任何情況的做法。

在你認知到負面狀態其實不明智的那一刻，你就能毫無牽絆地放下自己的不快樂。

在一段關係中，有越多共同的過去，你就越需要臨在，否則你就會被迫一再重複體驗過去。

一段真誠的關係，不會讓小我利用其製造形象與追求私利的手段來主導。在一段真誠的關係裡，會有一份開放而警覺的注意力向外流動至對方，當中沒有任何欲求存在。這種警覺的注意力就是臨在。這是創造一段誠摯關係的先決條件。

當你注視、傾聽、觸摸孩子，或幫忙他們做一些事的時候，你是警覺的、定靜的，完全臨在，除了當下那一刻如是的樣子，別無所求。如此一來，你便為本體創造出空間。

在那個時刻，如果你是臨在的，你便不是一個父親或母親，你就是警覺、觸摸與定靜本身，是「臨在」在傾聽、在注視、在觸摸，甚至說話。你是作為背後的本體。

我談論這件事時雖然以你和孩子的關係為例，但是當然，這個道理同樣也適用於所有的關係。

如果你忽略臨在，「作為」是永遠不夠的。

多數人只看見外在形相，卻對內在本質毫無覺察，正如他們對自身本質毫無覺察，只與他們的肉體或心理形相認同。然而，一旦你的感知中開始有某種程度的臨在，帶著定靜、警覺的注意力，那麼你就可以覺察到神聖的生命本質，覺察到常駐於每一種生物、每一種生命形式內在的意識或靈性，並且認知到它與你自身的本質同為一體，從而愛它如愛己。

與人會面的時候，無論是在工作上與其他場合，請對他們投入你全副的注意力。這時，你的存在最主要不再是做為一個人，而是一個覺知場域，一個警覺的臨在場域。

與對方互動的最初理由，例如可能是物品買賣、資訊請求或提供等，現在都變成次要了。你們之間生起的覺知場域，已經成為這場互動的最主要目的。那個覺知的空間已經比你們要談論之事更為重要，比你的物質或思想目標更為重要。人的「本體」變得比屬於這世界的任何東西都更加重要。

不過，這並不表示你要忽略實用層面上必須完成的事。事實上，當本體的向度受到認可並成為最重要的事，「作為」不但會變得更容易展開，力量也會變得更強大。具有統一力量的覺知場域在人與人之間生起，是新世界的人際關係裡最重要的因素。

當你看見自己的委屈沒有任何意義，只不過是強化了錯誤的自我感，讓小我更加穩固，那麼寬恕會自然而然發生。見即解脫。耶穌的教誨「寬恕你的敵人」，本質上談的就是解除人類心智中最主要的一個小我結構。

這個星球上其實只有唯一一個作惡者，那就是：人類的無意識。這個領悟就是真正的寬恕。若能寬恕，你的受害者身分認同就會瓦解，真實的力量將會出現，而那就是臨在的力量。與其責怪黑暗，不如把光帶進來。

臨在是一種內在寬廣開闊的狀態，當你處於臨在狀態，你會問：我要如何回應當前處境的需要、此時此刻的需要？事實上，你根本不需要提出這個問題，你用定靜、警覺、開放的心境面對如是現狀。你已將一個新的向度帶進當前處境，那個向度就是：空間。

你會觀看、傾聽，於是你與該處境融合為一。你不會對這個處境做出慣性反應來對抗它，而是會與它融合，讓解決方式從處境本身浮現。

事實上，在觀看和傾聽的並不是你，不是你這個人，而是警覺的定靜本身。那麼，如果行動是可能的或必要的，你會採取透過你而發生的行動，或更精確地說是正確的行動。

正確的行動就是對整體而言適當的行動。行動完成之後，那份警覺、開闊的定靜依然不變。沒有人會在那裡高舉雙臂，擺出勝利姿態挑釁地大喊：「耶！」沒有一個人會說：「看哪，我成功了！」

當你臨在，當你的注意力完全放在當下，那份臨在將會流入你的所作所為，並且轉化它，這些作為也將擁有品質與力量。當你所做之事不再是做為達到某個目的（例如獲得金錢、名聲或贏得勝利）的一種手段，而是為了它本身所帶來的滿足而做，當你所做之事散發出喜悅並充滿活力，你就是臨在的。

此外，當然，除非你對當下時刻抱持友善態度，否則你無法臨在。那是有效行動的基礎，它不受負面狀態所汙染。

Chapter 8

意　識

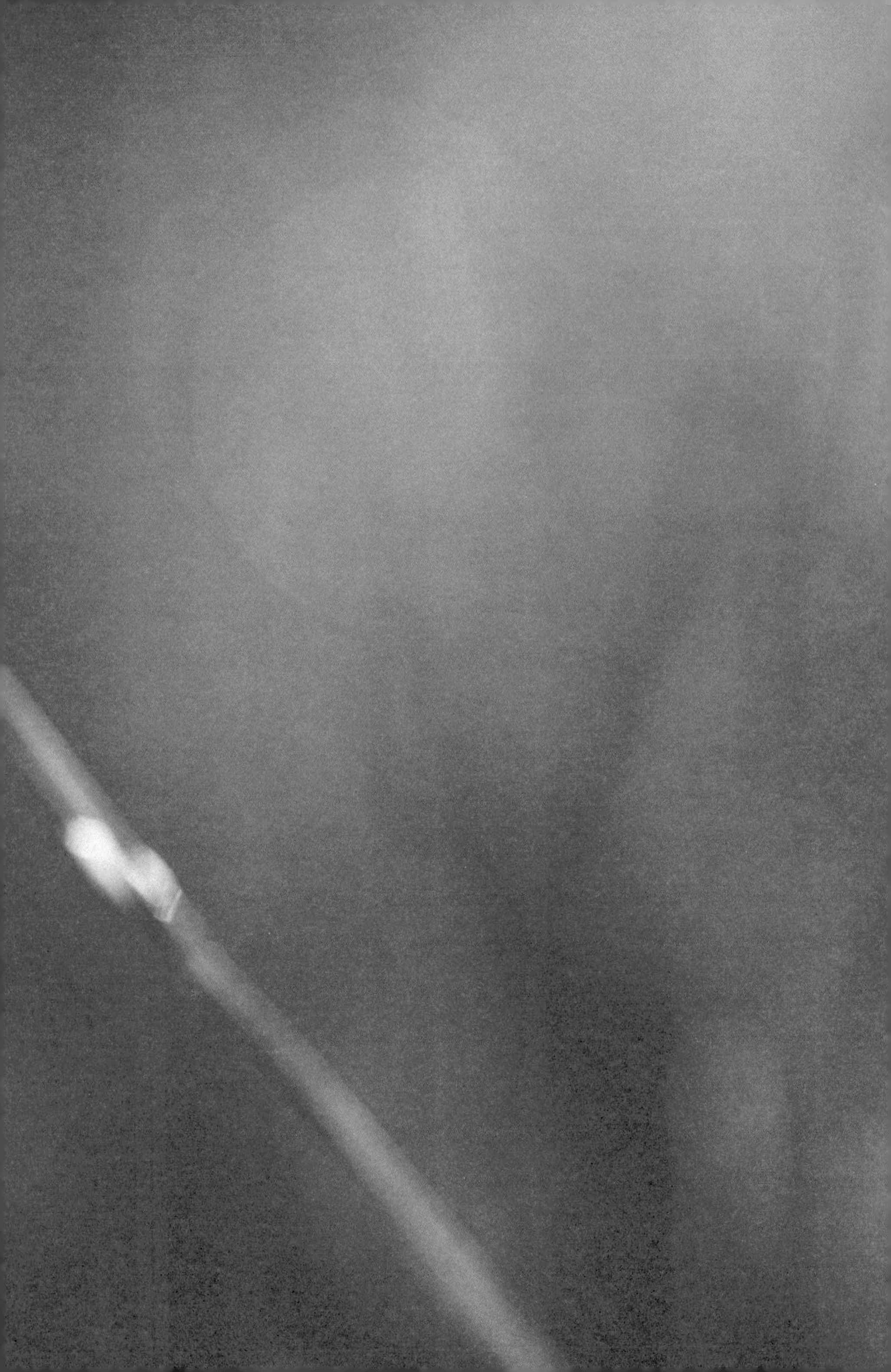

本體的喜悅就是保持有意識的喜悅。

意識已經是有意識的。它是那未顯化於外的，那永恆的。然而，這個宇宙只是在逐漸變得有意識。

意識本身是永恆的，因此不會進化。它從未出生，亦不會死亡。而當意識變成了外顯的宇宙，它會看似受限於時間並進入一個進化過程。

沒有任何人類心智能完全理解這個過程發生的原因，但是我們能在自己內在獲得一些瞥見，並成為一名有意識的參與者。

意識就是智慧，是各種外在形相生起背後的組織原則。意識億萬年來一直在幫這些形相做好準備，以使自己能透過它們在外顯的形相中表達自己。

雖然純粹意識的未顯化領域可被視為另一個向度，卻未與我們這個形相向度分離。有形與無形是相互滲透的。

未顯化領域流入形相向度，成為覺知、內在寧靜與臨在。它是怎麼做的？透過已變得有意識的人類形相，從而實現它的命運。

意識會實際體現為已顯化的向度，也就是說，它會變成形相。當它這麼做時，會進入一個如夢般的狀態。智慧依然存在，但是意識已經無法意識到自己了。它在形相中迷失了自己，變得與形相認同。這種情況可形容為神聖者下降至物質界。

在我們的星球上，人類的小我代表的是這場宇宙沉睡的最終階段，亦即意識與形相的認同。這是意識進化的必要階段。

人類進化的下一步是無可避免的，但這是我們星球歷史上的頭一次，這可以是一個有意識的選擇。是誰會做出那個選擇？正是你。而你是誰？正是變得意識到它自己的意識。

人類大腦是個高度分化的形相，透過它，意識得以進入這個向度。它包括了數以千億計的神經細胞（稱為神經元），數量大約等同於我們星系裡的星星，而星系可被視為宏觀的大腦。

大腦並未創造出意識，而是意識為了一己的表達，而創造出大腦這個世界上最複雜的物質形相。若大腦受到損傷，不代表你會失去意識，只是代表意識不再能使用這個形相來進入這個向度。

你無法失去意識，因為在本質上，它就是你之所是。你只可能會失去你所擁有的，但不可能失去你所是的。

雖然你無法了解意識，但還是可以意識到它就是你自己。你都可以在任何情況下直接去覺察它，無論你在什麼地方都無所謂。你可以在此時此地就去覺察到它就是你的臨在，亦即這一書頁上的文字被理解並形成思想的那個內在空間。它就是表面底下的本我。

你所閱讀、思考的文字是前景，而本我是基層，也就是每一個經驗、思想與感覺底下的背景。

靈性領悟就是清楚看見我所感知、體驗、思考或感覺到的東西究竟上都不是真正的我，我無法在所有這些不斷消逝的東西裡找到自己。

佛陀或許是第一個清楚看見這一點的人，因此「無我」（anata）成了他最核心的教誨之一。而耶穌所說的「否定你自己」（Deny thyself），意思就是：否定（從而解除）自我的幻覺。如果自我，也就是小我，是真正的我，那麼「否定」它就是件愚蠢的事了。

維持不變的是意識之光，而感知、經驗、思想與覺受在其中來來去去。那就是本體，是更深層次的、真實的「我」。當我認識了那樣的我之後，無論生活中發生什麼事，都不再具有絕對的重要性，只剩相對的重要性。我會尊重它，但它已喪失絕對的嚴肅性與分量。

唯一一件要緊的事就是：我是否能隨時在生活的背景覺察到我本質上的本體性，那個本我？更精確來說，我是否能在當下這一刻覺察到「我即我本是」（I Am that I Am）？我是否能覺察到自己本質上的身分就是意識本身？或者我根本就在一樁樁發生的事件中迷失了自己，在心智中、在世界裡迷失了自己？

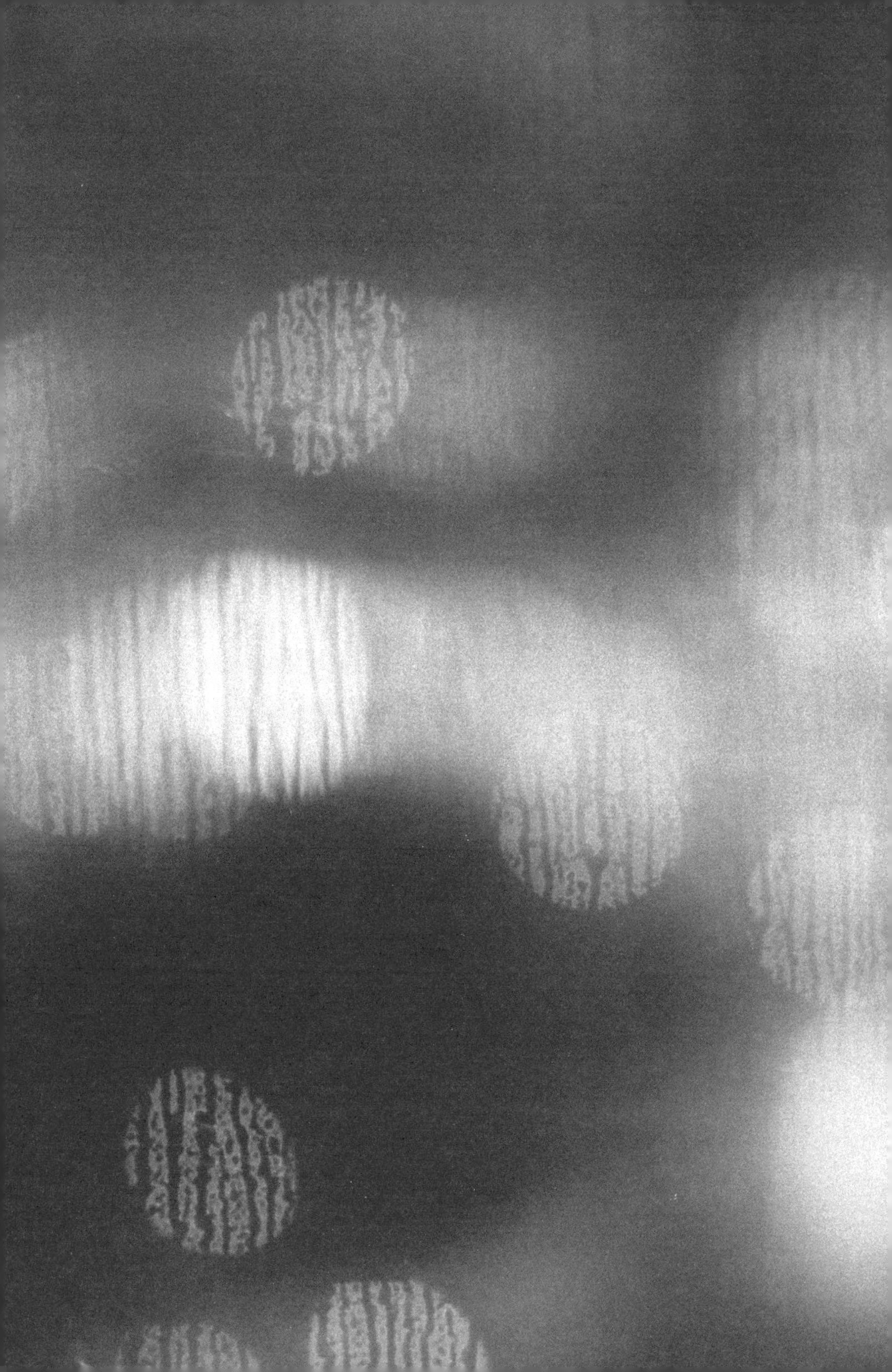

一旦你過去所認同的、帶給你自我感的外在形相崩潰或被拿走，就可能導致小我的崩潰，因為小我就是與形相認同。

一旦再也沒有什麼東西讓你認同，你是誰？當你周遭的形相開始死去，或者當死亡逼近，你對本體、對本我的覺察就會從它與形相的糾纏中解脫：靈性從物質的囚籠裡獲得釋放。

你領悟到自己本質上的身分是無形無相的，是遍及一切的臨在，是在一切形相、一切身分認同發生前即已存在的本體。

你領悟到自己的真實身分就是意識本身，而非意識認同的對象。那就是屬於神的平安。

「我想要認識神的心智，」愛因斯坦這麼說：「其餘的都是枝微末節。」什麼是神的心智？就是意識。

「認識神的心智」是什麼意思？就是要保持覺知。什麼是枝微末節？就是你的外在目的，任何外在發生的事。

有句話說：「寂靜才是神的語言，其他的只是糟糕的翻譯。」

意識到生活中遇見的寂靜，能讓我們連接上自己內在無形的永恆向度，那個超越一切思想、超越小我的向度。

它可能是遍布在大自然間的寂靜，或是清晨的房間裡透出的寂靜，或是聲音之間的安靜空隙。

寂靜無形無相，也因此我們無法透過思考來覺知到它。思想就是一種形相。

覺知到寂靜的意思是保持定靜，而定靜就是保持有意識而無念。在定靜的時候，你在本質上、在更深層次上比任何時候都更貼近你自己。

定靜的時候，你是暫時呈現為這個稱為「人」的肉體與心理形相之前的本來面目，而當那個形相瓦解，你也會恢復之後將是的本來面目。

定靜的時候，你是超越暫時存在的本來面目，那就是「意識」——不受制約、無形無相、亙古永恆。

Chapter 9

內在身體

要超越身體，我們必須進入身體，
然後才能發現我們不是它。

當你將本體與本我，即無形相之意識的覺察，與形相混為一談，小我就生起了。這就是身分認同的意義。這是忘記了本體，是最主要的錯誤。

儘管與身體認同是小我最基本的形相之一，好消息是，這也是你最容易超越的。

這無法藉由努力說服自己說你不是身體來辦到，而是要將你的注意力從身體的外在形相與對身體的念頭，例如美醜、強弱、太胖或太瘦等，轉移至身體內在的活力。

無論你身體的外觀如何呈現於外在層次，超越外在形相之後，它就是一個充滿強烈活力的能量場。

進行兩、三次有意識的呼吸。現在，看看自己是否能感覺到一股遍及你整個內在身體的活力。

這麼說好了，你是否能從內部去感覺自己的身體？短暫去感受身體的特定部位。感覺你的手，然後手臂、腳、腿部。你能感覺到自己的腹部、胸部、頸部和頭部嗎？你的嘴唇呢？它們有生命在裡面嗎？接著，再次覺察內在身體的整體。

練習時，你一開始可以閉上眼睛，但是一旦可以感覺到自己的身體後，就把眼睛睜開，環顧四周，同時繼續感覺你的身體。你可能會發現不需要閉上眼睛，事實上你可以在閱讀這段文字時就去感受你的內在身體。

你的內在身體並非堅實的，而是寬廣開闊的，它不是你的肉體形相，而是賦予肉體形相的生命。它是創造並維繫身體的智慧，能同步協調數百種不同的功能，而這些功能的複雜程度之高，人類的心智只能理解其九牛一毛。

當你覺知到這一點，實際會發生的事是那個智慧會變得覺知到它自己。它就是那個從來沒有一個科學家曾找到過的、難以捉摸的「生命」，因為那在尋找它的意識正是它。

如果你對「內在身體」的覺知不熟悉，請閉上眼睛一會兒，在你的雙手找找看是否有生命存在其中？不要問你的頭腦，它會說：「我感覺不到任何東西。」或許它還會說：「給我一個比較有趣的東西來想吧。」

因此，與其詢問你的頭腦，不如直接面對你的雙手。我的意思是，要去覺知雙手內在充滿活力的微妙感受。它就在那裡，你只要帶著注意力去到那裡就能注意到它。

起初你的手可能會有輕微的刺麻感，接下來是感受到一股能量或活力。如果你將注意力維持在手部一陣子，那種活力的感受會增強。有些人甚至不需要閉上眼睛就能辦到，他們在閱讀這段文字時可以同時感覺到自己的「內在之手」。

接著移到你的腳，將你的注意力放在腳上，持續一分鐘左右，然後開始同時去感受你的雙手和雙腳。接著，加入身體其他部位，譬如腿部、手臂、腹部、胸部等，將它們也融入感受中，直到你覺知到內在身體變成一種散布全身的普遍性活力。

我所謂的「內在身體」已不再是真正的身體，而是生命能量，有形與無形間的橋樑。

請經常去感受你的內在身體，讓它成為一種習慣。一段時間之後，你就不需要閉上眼睛才能感受到它了。

舉例來說，看看你是否能在每次聽別人說話時感覺到內在身體。這聽起來似乎自相矛盾：當你接觸到內在身體，就不會與你的身體認同，也不會與你的心智認同。換句話說，你不再與形相認同，而是從形相認同移開，朝著我們也稱之為本體的無形本質移動。那是你最為本質的身分。

對身體的覺知不但能讓你繫於當下時刻，也是讓你走出小我牢籠的一道門。它也能強化免疫系統與身體自我療癒的能力。

在日常生活中，盡可能利用對內在身體的覺知來創造空間。等待時、聆聽某人說話時，暫停望向天空，看看樹木、花朵、你的伴侶或孩子時，同步去感受自己的內在活力。這意味著你的一部分注意力或意識仍停留在無形世界，其餘的才用來關注外在的有形世界。

每當你能如此「安住」於身體，它就會像錨一樣讓你停留在當下，也能防止你迷失在思考過程、各種情緒或任何外在處境裡。

你的身體，有形的肉體，在你更深入它的內在之後，會顯露出其無形本質。它會成為進入內在空間的一道門。儘管內在空間無形無相，但它充滿強烈的活力。那個「空無的空間」即是生命的完滿狀態，是未顯化的源頭（Source），從中流瀉出一切外顯之物。那個源頭的傳統名詞就是「神」。

Chapter 10

與一切生命合一

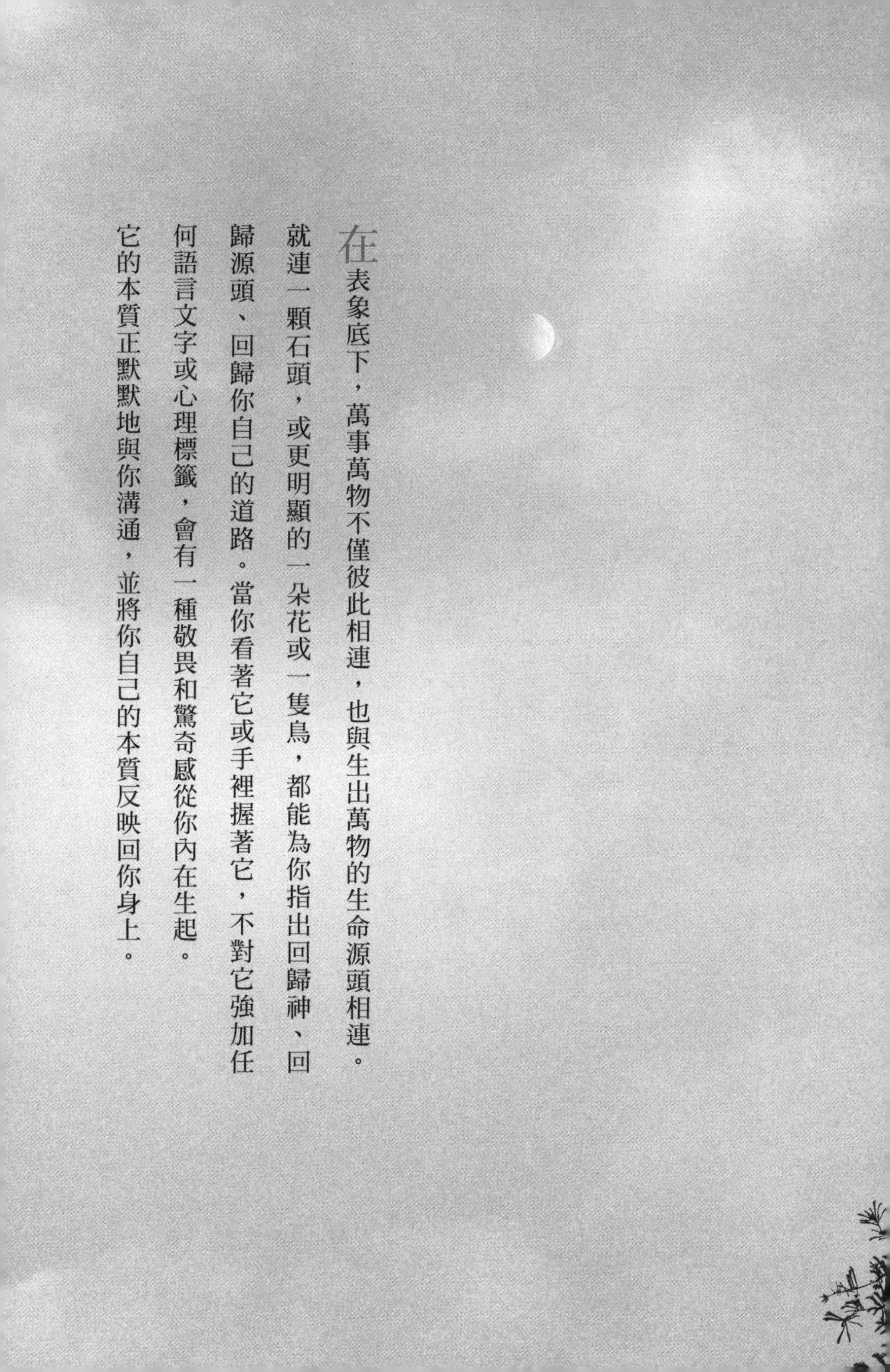

在表象底下，萬事萬物不僅彼此相連，也與生出萬物的生命源頭相連。就連一顆石頭，或更明顯的一朵花或一隻鳥，都能為你指出回歸神、回歸源頭、回歸你自己的道路。當你看著它或手裡握著它，不對它強加任何語言文字或心理標籤，會有一種敬畏和驚奇感從你內在生起。

它的本質正默默地與你溝通，並將你自己的本質反映回你身上。

為何小我要扮演各種角色？就因為一個未經檢視的假設，一個根本的錯誤，一個無意識的想法。而那個想法就是：我是不足的。於是其他的無意識想法隨之而來：我必須扮演某個角色，才能獲得完全成為我自己所需要的東西。然而，你無法比你所是的更多，因為在你的物質與心理形相底下，你是與生命合一、與本體合一的。

在有形世界，你永遠會比一些人低劣，比一些人優秀，而在本質上，你既不劣於任何人，也不優於任何人。真正的自尊與真正的謙卑即是從這樣的領悟中生起的。在小我眼中，自尊與謙卑是矛盾的，而真相是，它們是同一件事。

除去生命，除去本體，「我」還可能存在嗎？絕對不可能。因此，沒有所謂的「我的」生命或「我不曾『擁有』自己的生活」這種事。我「就是」生命。我與生命是一體的，別無其他可能了。因此，我怎麼可能失去生命？我要怎麼失去一個我本來就沒有的東西？我要怎麼失去我本是的東西？不可能。

真理與你的真正身分是不可分的。是的，你「就是」真理。你所是的本體就是真理。耶穌試圖傳達這一點，所以他說：「我就是道路、真理與生命。」（原書註6）如果能正確理解這句話，這句話著實

原書註6：〈約翰福音〉14：6。

是指向真理最強力、最直接的指標之一。耶穌談到的是最內在的本我，那是每個男人、女人，事實上是每一種生命形式本質上的身分。他談的是你所是的生命。

有些基督教的神祕家稱它為內在的基督，佛教徒稱它為佛性，而對印度教徒來說，它是梵我（Atman，譯註7），住於內在的神。

若你能觸及這個內在向度（與它保持接觸是你的自然狀態，不是什麼神奇成就），你所有的行動與關係將會反映出你在內在深處察覺到的生命一體性。這就是愛。

譯註7：或稱阿特曼、真我。

認知到已經存在你生命中的美好，就是一切豐盛的基礎。

一切豐盛的來源並非在你之外，而是你真正所是的一部分。然而，可以從認知外在的豐盛開始。

看看你周圍生命的豐富完滿。陽光照射在你皮膚上的暖意，花店外陳設的華麗鮮花，大口咬下多汁水果的時候，或是被傾盆大雨浸透的時候。生命的豐富就在每一個踏出的步伐間。

認知到豐盛滿溢在你周圍，能喚醒你內在處於休眠狀態的豐盛。接著，就讓它傾瀉而出吧。

當你對一個陌生人投以微笑，能量已經在那一刻向外發送。你變成了施予者。要經常問自己：「我在此可以給予什麼；我要如何為此人、為當下的情況提供服務？」

你不需要擁有任何東西才能感受豐盛，不過如果你能持續感受豐盛，豐盛之事幾乎可以肯定會來到你身上。豐盛只會降臨在那些已經擁有它的人。

一棵小樹苗不會想要任何東西，因為它與整體已經是一體了，整體透過它來行動。「看看原野上的百合花，它們是如何生長的，」耶穌說：「它們不勞苦，也不紡織。但是就連所羅門最威榮的時候，他所穿戴的，也比不上這些花中的一朵。」（原書註7）

我們可以說，整體，也就是生命，想要小樹苗變成一棵樹，但是小樹苗自己並未將自己視為與整體分離的獨立存在，因此它沒有欲求，它與生命的欲求是合一的。那就是它既不憂慮，也不緊張的原因。

如果它必須早夭，它也會輕鬆地死去。它對死亡的臣服，如同它對生命的臣服。它體察到（儘管可能只是模糊地），它深深根植於本

原書註7：〈馬太福音〉6：28－29。

體，亦即那無形而永恆的一體生命。

每當有不幸的悲劇發生，你要不就是抵抗，要不就是屈服。因此，有些人會痛苦憤怒，或變得滿懷怨恨；而有些人則會變得懷抱慈悲心、有智慧，充滿愛心。

抗拒是一種內在的緊縮，讓小我的外殼更加堅硬，你緊閉心扉。屈服代表的是在內在接受如是現狀，你敞開自己迎向生命。

當你的內在屈服，當你能夠臣服，一個新的意識向度就會開啟。如果行動是可能的或必要的，你的行動將會與整體和諧一致，而且受到創造性智慧，亦即未受制約之意識的支持。

你周遭的環境與人也會變得有助於你、與你合作。各種巧合會發生。如果沒有行動的可能，你也會安歇在隨著臣服而來的寧靜與內在的寂照之中。你安歇在神裡。

若你不再將自己的真正身分與暫時的「我」之形相混淆，那麼那個無限永恆的向度，也就是神，就能透過「我」來表達自己，並且指引「我」。它也能讓我從對形相的依賴中解脫。然而，僅僅單純地在智性上承認或相信「我不是這個形相」是毫無助益的。

最重要的問題是：此時此刻，我是否能覺察到內在空間的臨在，而那真正的意思是，我是否能覺察到我自己的臨在，或者換句話說，「我本是」的臨在？

問

問自己：「我是否不僅僅覺知到當下這一刻正在發生的事，也覺知到當下本身正是讓一切事物發生的、活活潑潑之永恆內在空間？」

如果寧靜真的是你所欲求的，你會選擇寧靜。如果寧靜對你來說比什麼都要緊，而且如果你真的知道自己是靈，而不是一個小小的我，你不會去做出慣性反應，並在面對棘手的人或情況時保持警覺。你會立刻接受當下情況，與它成為一體，而不是讓自己與它分離。然後，在警覺之中自然會知道如何回應。

你的真實身分（意識），而非你以為自己所是的身分（微小的我）將會做出回應，那會是有力又有效的，而且不會讓任何人或情況成為敵對的一方。

與如是現狀合一，與當下時刻合一，不代表你不再主動做出改變，或變得無能採取行動，只是採取行動的動機將來自更深層次，而非來自小我的欲求或恐懼。

內在與當下時刻和諧一致，能開啟你的意識，將它帶入整體的和諧一致之中，而當下時刻就是構成整體的一部分。於是，整體，也就是生命的全體，將會透過你而行動。

生命會給予你一切最有助於你意識進化的體驗。你如何知道這就是你需要的體驗呢？因為這個體驗就是你在當下這一刻所擁有的。

要如何當下就平靜下來？可以藉由與當下言歸於好來辦到。當下時刻就是生命這場遊戲發生的場域，它無法發生在任何其他地方。與當下時刻言歸於好之後，看看會發生什麼事，你可以做些什麼，或選擇去做什麼，或者更確切地說，生命會透過你做些什麼。

有五個字能傳達生命的祕密，一切成就與快樂的祕密，那就是：與生命合一。

與生命合一就是與當下合一。如此你就能了解到並非是你在活出這個生命，而是生命在活出你。生命是舞者，而你是那支舞。

神就是涵容無數生命形式內外一切的一體生命。

愛意味著二元對立：愛人者與被愛者，主體與客體，因此愛是二元世界裡對一體的認知。這是神誕生在形相世界裡。

愛讓這個世界不那麼世俗、不那麼粗重，讓神聖向度，也就是意識的光明，更加透明。

導讀

為更多人帶來定靜，體驗到內在深刻的轉化

——李崇建（作家）

我的生命在二十年前，學習了薩提爾模式，打開了一道大門，從內在而外在漸漸轉變。內在浮躁不安的狀態，從無意識逐漸有意識，影響了我對周遭的反應，懂得如何與世界共處，從而改善了家庭的關係。

然而十年前我認識托勒，閱讀了《當下的力量》以及《一個新世界》，找到一條門裡的祕徑，讓我深刻洞見內在，將意識往深處扎

根，連結了生命的本質，體驗內在靈性的力量。

若由薩提爾的冰山來看，我逐漸從冰山的「思維」，進入體驗渴望與大我層次，辨識「思維」與「體驗」的縫隙，更有意識理解與體驗冰山。彷彿瞬間開啟一條路，一條清晰的覺察之路，分別小我與大我之間，更自由地進入靈性層次。

◆托勒帶給我的辨識

托勒帶給我什麼呢？

學習薩提爾模式，讓我覺察並且懂得，我的感受與念頭，原來在行為之下發生，驅動了表象的行動，也理解我大部分的感受，還有大部分的念頭，為何產生的所來之處。

因為對「感」、「知」的理解，我對自己漸漸有了接納，已經進入了一部分體驗，但畢竟是思維的工作，雖然體驗了生命深邃，但不是全然「體驗性」的辨識，意識並非如此自由與清晰。

托勒的書讓我意識，且是專注的意識存有。

舉個簡單的例子說明。十年前我覺察自己，在某些狀態之下，我的胸口感到窒悶，胸口稍悶的感覺，是一種細微的感覺，其實經常在身體發生，以往我並不覺知，若不覺知便不知道影響。一旦我有覺知了，我覺察自己語速急促，我的應對受到束縛，都與胸口的窒悶有關。

以往就算我覺察胸悶，但是我未覺察控制，對於自身與情境的控制：我想控制那個場面。那是一種常被忽略，不被意識的狀態。

一旦我有了覺知，我的應對方式呢？我刻意讓語速緩慢，也讓回應緩慢下來，但是我不意識的是，我有個潛在的思維：不接納自己的狀態，仍舊想透過緩慢下來，達到對自己的克制，達成對場面的控制。

◆內在的運行程序

閱讀托勒的書之後，我覺知能力更深了。一旦覺知胸口的窒悶，我看見思維的運行，即是想要達成「控制」。當我意識到「小我」，我開始能觀察胸悶，或者全然接納、體驗胸悶，而不是執著於「不胸悶」，執著於我的應對是否完美？

當我觀察了、體驗了感受，若是有一瞬間意識偏離，我發現思考就進入了，可能是：「即使我體驗了，觀察了，還是這樣呀？」、「要去觀察與體驗感受，實在是很困難呀！」、「我就是做不好，就是做不到……」這些思維模式的產生，若非有意識的覺知，瞬間就回到小我的處境，顯生出新的焦躁感，焦躁感產生新的思維，也產生了新的應對，讓我內在的運行進入慣性，再一次被「小我」卡住了，即無法進入存有的體驗中。

《在定靜中成為自己》書中托勒陳述：「覺知和思想之間有什麼樣的關係？覺知就是思想存在的空間意識到那個空間自己。」

關鍵在那個空間自己，不是被過往經驗綁住的自己，過往經驗殘留求生存，應對世界的那個我，並非獨立的一個存有，而是成長過程中學來的「小我」。

托勒在書中隨後說：「你的內在目的是覺醒，就是這麼簡單。」這個目的看似單純，卻常在心智操控之下，背後藏著一個控制的企圖。這即是托勒說的：「小我欺騙了我。」

當我看見了內在目的，只是為了覺醒而已，一旦覺知了小我的運行，辨識了小我的出現，小我瞬間就瓦解了。

托勒的陳述很清晰：「擺脫小我其實不是什麼大工程，只是一件非常小的事。你所要做的就只是覺知到你的思想和情緒——就在它們發生的當下。這其實不是一種『作為』，而是一種帶著警覺的『看』。」

我反覆有意識在覺知中，一開始是個混亂過程，讓我手忙腳亂卡住，小我不斷跳出來「作祟」，但只要有意識的覺知，內在目的就是覺醒，就能越來越有意識的觀照，身心開始發生轉變，漸漸體驗深刻的能量之流。

因此《在定靜中成為自己》指出：「當意識不再完全被思考行為所吸引，部分的意識將會維持在無形無相、未受制約的原始狀態。那就是內在空間。」、「在有意識受苦的過程中，蛻變已經開始發生。痛苦的烈焰將轉變為意識的光明。」

在這個層面上，還有一個重要的訊息，即是「放空」的狀態。

很多人在以為自己正覺知，或者進行靜心練習，會進入無意識的「放空」狀態，薩提爾模式稱之為「打岔」，但是意識卻無所覺察。

托勒說明：「空間意識與『腦袋一片空白』（spaced out）一點關

係也沒有。」

當以覺知為目的，專注於當下的意識，久而久之，及脫離了舊的慣性，越來越能體驗「禪宗所謂的『悟』，就是一個臨在的時刻。」

◆我即我本是

為何進入臨在、進入當下的狀態，就能感受到定靜？就能「意識覺知暗流的存在？」就能感受當下的力量呢？

腦神經科學家，對此做出了實驗說明，說明大腦的意識，影響腦神經的發展，也影響著表觀基因變化。

托勒在本書中說：「維持不變的是意識之光，而感知、經驗、思想與覺受在其中來來去去。那就是本體，是更深層次的、真實的『我』。」

生命是因為接納與愛，生命體驗了價值，不因為生命做了什麼？而是生命本身即是。因此存有的意義，在於存有本身。

我再回到前面的例子：當我意識到胸悶，若我接納如此狀態，全然的關注與觀照，那個被接納的狀態，沒有任何的執著，沒有任何的思維干預，生命就不需以胸悶回應，也就不會因胸悶而應對世界。

設想這個情境：一個剛出生的嬰兒，因為長期臥在嬰兒床，頭頸脊椎尚無力量，無法自由活動的狀態，久臥而感到胸悶狀態，孩子會以哭鬧來表達。

父母聽見孩子哭鬧，不需要任何責備，不需要任何期待，只要將嬰兒輕輕抱起來，接納孩子這樣的狀態，全然的接納與愛撫，孩子的窒悶感消失了，孩子也停止了哭鬧。孩子能感受到生命流動，一種和諧定靜的能量。

但須提防小我的「作祟」，全然的接納本身，就只是接納而已，全然的觀照目的是覺醒，但是在觀照的背後，小我常常悄悄出現：我接納了，我觀照了，我就會得到定靜了，就能體驗生命之流。

小我常在各種場合現身：「這世界無法給你這些東西，但是當你不再懷抱這些期待時，所有自己創造的痛苦就會結束……內心不會對它們產生執著，也就是說，你不會對這個世界上癮。」

托勒的這一段話，正是有意識的覺知。

◆托勒帶來的禮物

閱讀托勒的文字，讓我覺知意識深化，從特定的狀態覺知，到時時刻刻都能覺知，內在深處即出現微妙的寧靜感，越來越深的寧靜，感受到生命之流的喜悅。我因此進一步理解了、體驗冰山渴望與大我層次，從自我而至應對世界，我逐漸擁有更大空間，更深的洞見也隨之而來，生命較常處於自由與創造狀態。

因此有一陣子，我隨身帶著托勒的書，托勒的文字如詩歌，雖然不易一下子明白，但是文字帶來的能量，在反覆咀嚼之後，帶來一種深刻的體驗，初始不明白為何？卻是一種浸潤的洗禮。

此次《在定靜中成為自己》一書，所陳述的文字更如偈語，緩慢的閱讀身心即有所感，甚至不需要透過思維解讀，本身就帶著定靜的能量。確實如托勒在本書導言中所述：「這些字句指向內在深處，那個超越語言文字、超越思想的向度。」

相信這本書的出版，會為更多人帶來定靜，體驗到內在深刻的轉化，這也是托勒帶給我的禮物。

推薦文

意識到那些不屬於你的東西層層剝落，你會發現真正的自己一直都在

——曾寶儀（主持人／作家）

「凡所有相，皆是虛妄。若見諸相非相，即見如來。」——金剛經

任何想要闡述真理的想望，都因為語言的貧瘠與鎖定，或是被閱讀者對文字原有的理解影響，反而成為另一種牢籠或限制。但我們依然可以透過閱讀，試圖接近那個無法言說的能量場。

所以我會邀請大家用一種非常規的方式進入這本書。

請讓你的頭腦暫時休息一下，安心地進入作者建立的場域。閱讀的過程即是靜心冥想。與自己的中心對焦，穩定能量回到中軸，發現你原本就豐盛具足。

若是每一刻都能覺察地活在當下，意識到那些不屬於你的東西層層剝落，你會發現真正的自己一直都在，閃閃發光。

在定靜中成為自己
——體會活在當下的自由與喜悅

作　者　艾克哈特・托勒
譯　者　蔡孟璇
主　編　蔡曉玲
封面設計　朱疋
內頁設計　顧力榮
內頁照片　太陽的情書影像

發行人　王榮文
出版發行　遠流出版事業股份有限公司
地　址　臺北市中山北路一段 11 號 13 樓
客服電話　02-2571-0297
傳　真　02-2571-0197
郵　撥　0189456-1
著作權顧問　蕭雄淋律師

2021 年 11 月 1 日　初版一刷
2022 年 8 月 25 日　初版三刷
定價新台幣 320 元

Printed in Taiwan
ISBN：978-957-32-9312-5
遠流博識網 http://www.ylib.com
E-mail: ylib@ylib.com

Oneness With All Life by Eckhart Tolle
Original English language edition published by Penguin Group (USA) Inc.

國家圖書館出版品預行編目(CIP)資料

在定靜中成為自己：體會活在當下的自由與喜悅 / 艾克哈特．托勒(Eckhart Tolle)著；蔡孟璇譯. -- 初版. -- 臺北市：遠流出版事業股份有限公司，
2021.11　面；　公分
譯自：Oneness with all life
ISBN 978-957-32-9312-5（平裝）

1. 靈修
192.1　　110016064